SeaEagle

SeaEagle

圖1：威尼斯與阿拉伯人的香料貿易。10世紀之後，阿拉伯人掌控著香料貿易，而威尼斯商人則負責把香料以昂貴的價格賣到歐洲各地。當時，歐洲人對香料的喜愛近乎瘋狂，胡椒甚至可以充當貨幣來交稅。直到17世紀初期，從香料群島採購一船香料，只需3000英鎊左右，到英國市場上就可以賣到36000英鎊。

圖2：1095年11月，教皇烏爾巴諾二世在法國發表「以父為名」的演講。烏爾巴諾二世號召所有信奉基督教的國家聯合起來，投入一場神聖的戰爭——一場為基督教重獲聖地的偉大的十字軍東征。他還指出，聖地「遍地流著奶和蜜，黃金寶石唾手可得……是另一個充滿歡娛快樂的天堂」。當時歐洲連年饑荒，財富對歐洲人無疑是非常有誘惑力的，「東方是那麼的富有，金子、香料、胡椒俯身可拾，我們為什麼還要在這裡坐以待斃呢？」最後，他宣布參加十字軍東征可以免除一切苦行（告解），保證赦免十字東征者的一切罪行。演講結束幾個月之後，第一次十字軍東征就開始了。

圖3：17世紀，「海上馬車夫」荷蘭的龐大船隊。當時，荷蘭的造船業非常發達，1670年，荷蘭擁有的商船噸位是英國的3倍，其數量相當於歐洲其他各國的總和。據當時法國的一份報告說，除了不能遠航的小船之外，荷蘭船隻總數達6000艘。

圖4：17世紀的阿姆斯特丹街景。海上貿易的繁榮帶來了巨大的財富，也促進了城市的繁榮。當時阿姆斯特丹實行自由貿易、宗教寬容，還創辦了養老院等慈善機構，市政建設和公共秩序也都在歐洲處於領先地位，因為一大批歐洲工廠主、富商被吸引到荷蘭，阿姆斯特丹的人口也在17世紀迅速增加到10萬以上。

圖5：管仲畫像。管仲，春秋時齊國政治家。據說他早年經商，後從事政治活動。齊桓公取得君位後重用管仲，在管仲的輔佐下先後主持了三次武裝會盟、六次和平會盟，成為公認的霸主，史稱「九合諸侯，一匡天下」。管仲因為有殊勳於齊，被桓公尊為仲父。

圖6：韃靼武士畫像。韃靼是不同地區不同時代對出現在歐亞大草原的不同游牧民族的泛稱，不是一個具體的民族或團體。一般分為白色人種韃靼和黃色人種韃靼，白色人種韃靼指的是說突厥語的民族（如塔塔爾族），黃色人種韃靼指的是說蒙古語和通古斯語的民族。明代僅指蒙古高原東部建立的韃靼政權。

圖7：航海中的哥倫布向水手解釋地圓說。克里斯多福·哥倫布是地理大發現的先驅，西班牙航海家。他堅信地圓說，夢想前往印度和中國，並因此四次橫渡大西洋，發現了美洲大陸。當時，地圓說並不為公眾所接受，一次在西班牙關於哥倫布計畫的專門審查委員會上，一位委員甚至詰問哥倫布：「即使地球是圓的，向西航行可以到達東方，回到出發港，有一段航行必然是從地球下面向上爬坡，帆船怎麼能爬上來呢？」

圖8：行進中的阿拉伯商隊。阿拉伯西南部，是古代東西方貿易的重要商道。東方的商品經海路運到葉門，再由阿拉伯商人用駱駝轉運到敘利亞或埃及，然後運往歐洲。阿拉伯駱駝商隊非常龐大，鼎盛時期，據說可以達到300人，駱駝有一兩千頭之多。

圖9：「財富之城」君士坦丁堡的陷落。1204年4月12日，在威尼斯的要求下，第四次東征的十字軍攻陷了君士坦丁堡，接著，一場慘絕人寰的屠殺搶掠暴行在這裡持續了整整三天：聖索菲亞大教堂被搶掠一空，皇家圖書館被燒毀，超過六分之一的城區被毀壞，大量宗教遺物真跡被運回西歐。威尼斯人最知名的戰利品是今日仍然豎立在威尼斯聖馬可廣場上的駟馬銅像。

圖10：維京都柏林的奴隸市場。維京人泛指生活於西元800—1066年之間所有從事廣泛的海外貿易和殖民擴張的斯堪地那維亞人。這是一個「海盜時代」，這些維京海盜控制了波羅的海沿岸，俄國、法國、英國、義大利和巴勒斯坦都曾留下他們肆虐的痕跡。維京人也曾做過皮毛、香料生意，但更喜歡做的還是奴隸販賣。商貿沿線居住的大量斯拉夫人被維京人搶來販賣為奴，於是斯拉夫「slav」一詞就成為奴隸「slave」的詞根。

圖12：路易絲王后畫像。路易絲是普魯士的王后，腓特烈・威廉三世的妻子。她在1806年與法國國王拿破崙一世的提爾西特會議之後，奇蹟般地成為聯繫兩國友情的關鍵人物，並因此得到了臣民極大的熱愛。她對拿破崙的評價是：「人們可以欽佩他，但不能愛他。他被幸運蒙蔽了眼睛，以為一切都可以實現。但他不懂得節制，凡是沒有節制的人，都將失去平衡而跌倒在地。」

圖11：肖像油畫《拿破崙翻越阿爾卑斯山》，1804年雅克-路易・大衛繪製。1800年，拿破崙率領37000名法軍士兵冒險翻過阿爾卑斯山聖伯納隘口，進軍義大利。據說當時拿破崙騎的是一匹從居民家中借來的驢，而非油畫中威風凜凜的白馬。

圖13：一幅諷刺17世紀鬱金香狂潮的漫畫。1636年到1637年間，荷蘭百業荒廢，全國上下都為鬱金香瘋狂，富人、窮人都變賣家產購進鬱金香，一枚稀有的鬱金香球莖足以買下阿姆斯特丹運河邊的一幢豪宅，或者購買27噸乳酪……在狂熱情緒的驅動下，人們失去理智，變成了「猴子」。

圖14：18世紀的俄國冬日鄉村。18世紀，俄國經歷了一次經濟大躍進，彼得一世在西方重商主義浪潮的衝擊下，全面推行了重商主義政策。當然，這也是為了滿足對外擴張和國內改革的需要。其主要內容是，在貸款、稅收和勞動力等方面給予優惠，鼓勵私人開辦工廠。俄國因此造就了一大批新興的商人和企業主。

圖15：棉花種植園中正在工作的黑奴。美國內戰爆發前，南方的蓄奴州共有15個，黑奴有400多萬人。歐洲工業革命後，紡織業迅速發展，對棉花需求量大增，南方種植園經濟一下子又興盛起來。大批黑奴被趕去種植棉花，而這些棉花大部分出口到了英國和西歐國家。這些黑奴每天勞動時間長達18個小時，每人每年平均生活費僅為7美元，食不果腹且沒有人身自由。

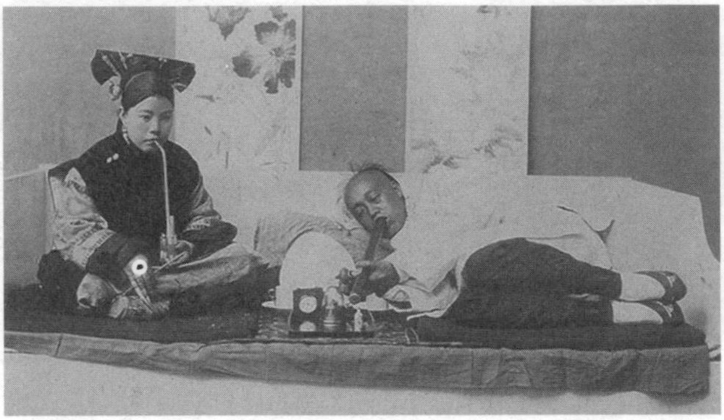

圖16：清朝末年，在家中吸食鴉片煙的中國人。19世紀中期，中國已經有超過數百萬人吸食鴉片，這不僅讓清朝白銀大量外流，還使吸食者骨瘦如柴，神情渙散，整個國家都沉浸在頹廢的氣氛中。在經歷了兩次鴉片戰爭後，1880年，倫敦出版商推出題為「鴉片吸食者」的宣傳冊，副標題為「鴉片貿易給中國帶來的災難」，這個宣傳冊分為四個部分，用圖文結合的形式細數了鴉片災難實況和英國政府的罪狀。

圖17：帕森達勒戰役後戰場上的頹垣斷壁。這場持久戰發生於「一戰」期間，從1917年7月至11月，英國及其盟友在比利時帕森達勒村與德軍展開了激烈戰鬥，雙方不僅大量動用了坦克、大炮，還動用了化學毒氣芥子氣，造成大量傷亡，最後盟軍終於拿下村子，也就是照片中的這一片廢墟。

圖18：第一次世界大戰中正在戰壕中休息吃飯的協約國士兵。交戰中，由於雙方對外貿易相互封鎖，許多國家糧食、棉花等物資供應緊張，士兵的食物基本上只有馬鈴薯泥和湯。

圖19：1939年，英國街頭正在排隊領取配額口糧的人們。由於受到德國潛艇對航運的嚴密封鎖，英國不得不對基本民生物資實行嚴格的配給制度。「二戰」爆發後，政府對某些類別食品做了配給計畫，在全英國實行。地區食品管制委員會準備了配給卡，可以用來購買五類食物：肉、奶油、培根和火腿、烹飪油、糖。據說，從1940年到1945年出生的整整一代英國孩子，在1946年之前沒有見過香蕉。

圖20：1929年經濟危機後的「胡佛村」照片。危機爆發後，大批銀行家、股票經紀人因為破產而自殺，許多人一夜之間一無所有，但胡佛政府最初不承認有什麼危機。人們在失望和憤怒之餘，開始嘲諷胡佛總統：失業者在昔日繁華的大街上搭建起了用舊鐵皮、紙板和粗麻布為材料的小棚子，並把它稱作「胡佛村」；手裡提著的撿破爛的口袋叫作「胡佛袋」；晚上裹在身上禦寒的舊報紙稱作「胡佛毯」；空空如也的錢袋，叫作「胡佛旗」。

圖21：大蕭條時期，兩個美國男人在身上掛著求職的看板。經濟危機後的大蕭條時期，約有200萬美國人到處流浪，這些失業的無家可歸者，有農場主，有大學畢業生，有本來屬於中產階級的中年男人。為了找到一個可以糊口的工作，人們用盡了辦法：有個阿肯色州人為了找工作步行900英里；紐約某個工廠招聘300人，結果應聘者超過5000人；華盛頓州甚至有人蓄意放火，想因此而有人雇他當消防員。

圖22：冷戰時期蘇聯的宣傳畫，畫上的女人正在享受美食。事實上，蘇聯是一個糧食進口國，蘇聯後期，糧食進口的規模已嚴重威脅到蘇聯政治經濟的穩定。最終，糧食危機成為商品短缺、特權叢生、民眾不滿、貿易失衡和經濟崩潰的重要原因。

圖23：20世紀70年代末期的蘇聯商店。這是蘇聯的黃金時代，依靠著源源不斷的「石油美元」，賺進了大把外匯，雖然輕工產品、農副產品不如西方豐富，但是民眾的生活品質卻很高，衣食無憂，商店的貨架上有各種各樣的食品，住房醫療教育均免費，很多人都可以安逸地去度假。

圖24：20世紀70年代，日本工廠中正在認真工作的女工。「二戰」後，日本實行國民經濟非軍事化，全力進行經濟建設，再加上美國對日本的扶持，經濟開始突飛猛進。到了20世紀60年代末，日本已經成為世界上最大的電視機生產國之一，並且大量出口。

從古至今，
從未停止過的
貿易戰爭！

戰爭和買賣，遠比你想的更驚心動魄！
你讀過的歷史背後，都隱藏著貿易戰爭！

做生意的戰爭

World Trade War

回顧2000多年的歷史
深度剖析18次貿易戰大事件
中外54個貿易戰案例

貿易戰先出現在東方還是西方？
貿易戰如何改變世界歷史？
金融危機與貿易戰是否有關聯？
貿易戰有哪些手段和形式？

趙濤・劉揮 著

前言

從二〇一八年上半年起，隨著中美貿易摩擦的發酵和升級，人們越來越多地談起貿易戰。什麼是貿易戰呢？我們首先應該給它下個定義。貿易戰實質上是對發展機會和生存空間的爭奪，是國家間貿易利益的衝突。廣義的貿易戰包括各種的貿易摩擦、爭奪，報復與反報復，其形式包括但不限於關稅壁壘、低價傾銷、匯兌貶值、經濟封鎖、單邊制裁等。一般情況下，貿易戰會同時伴隨著政治上、外交上的激烈角逐。此外，貿易戰還包含著戰爭風險，極端的情況下甚至會直接引發戰爭。

在經濟領域，貿易摩擦或者說貿易戰的歷史可謂源遠流長：在中國，貿易戰最早可以追溯到春秋時期管仲發起的「貨幣戰爭」；在西方，從十二世紀起，各國就在為香料而大打貿易戰。儘管古典自由貿易理論曾經為我們描述了一種理想的貿易體制——市場決定一切，沒有貿易障礙或者貿易壁壘——但當我們從頭梳理東西方貿易戰歷史後就會發現，這種純粹的自由貿易是絕對不會存在於現實之中的。從某種意義上說，貿易摩擦（貿易戰）其實是貿易發展過程的一種常態，這是由其本質決定的。

接下來，我們將說明貿易戰的原因，貿易戰有哪些形式，歷史上有哪些影響了世界格局的貿易戰，還將對貿易戰的發起者、持續時間及結果做簡要分析。太陽下沒有新鮮事，以歷史為師，我們才能更容易地理解貿易戰的現在和未來。

一、貿易戰根源：從貿易自由到貿易保護只有一步之遙

傳統的自由貿易是建立在垂直式國際分工基礎上的。在理想狀態下，不同國家處在不同的分工梯級上，互為市場的同時，市場優勢互補，達到一種均衡狀態。但在現實中，儘管有可能在一定時期，各個國家能夠享受到這種均衡的比較利益，但這種狀態卻不穩定，因為不同國家的利益大小總是有所區別：在國際分工中處於較高梯級上的國家所獲利益要大於處於較低梯級上的國家。然而，各國的經濟發展都是動態的，經濟進步或者衰退都可能改變其在國際分工中所處的位置，並因此打破原有的國際分工格局和國際經濟秩序。比如我們看到，兩個原本市場互補的國家，由於經濟發展的原因，比較優勢趨於一致，開始在同一市場中相互競爭，貿易摩擦和衝突就會不斷加劇。發展較快的國家為爭奪市場佔有率，可能會選擇傾銷作為武器，而發展較慢的國家就會由貿易自由轉向貿易保護主義，這就是貿易戰的根源。正是因為不同國家由於經濟發展程度和社會制度存在較大差異，各國從國際貿易中獲得的實際利益很難均衡，所以歷史上貿易戰爭從未間斷過。順便說一句，從歷史規律來看，貿易摩擦和衝突，往往會進一步加劇世界經濟的衰

退。

除了以上所說的根源性原因之外，從政治經濟學角度出發，還有以下幾個原因也可能導致貿易戰的發生。

國家間戰爭的延續。各國的政策介入能夠改變各國參與國際貿易的收益，因此貿易戰也成為敵對國家對決的「第二戰場」。比如「二戰」後，由於有了可以同歸於盡的超級核武器庫，兩個超級大國美蘇就將大規模正面戰爭轉變為「沒有硝煙的戰爭」。從糧食到石油，貿易領域佈滿摩擦和博奕。

國際政治經濟霸權的週期性變化。從十六世紀的葡萄牙、十七世紀的荷蘭，到十八、十九世紀的英國和二十世紀的美國，國際政治經濟霸權呈現出週期性的變化。瞭解一下貿易戰的歷史，我們就會發現，每當霸權處於衰落時期，國際間的貿易戰就會特別頻繁。這是因為當一國霸權衰落時，就會變為「守勢」，貿易保護主義則佔據上風。比如一個佔據市場優勢的工業化國家會從其落後交易夥伴的發展中受益，但是該交易夥伴的發展一旦達到了某個閾值（臨界值），就會引發雙方國家利益的衝突。在國家利益衝突的過程中，貿易摩擦在所難免。二十世紀七〇年代，日本經濟快速崛起，挑戰了美國的經濟霸權，便因此陷入了一場長達三十多年的貿易人戰，「日本經濟奇蹟」因此終結。

利益集團對貿易政策的影響。有一種經濟學觀點認為，政府很少追求那些使社會福利最大化的政策，政府尋求的是那些使政治支持最大化的政策，這些政策通常反映的是那些最有影響力的集團的利益。在一九三五年，民主哲學家沙特施奈德（Schattschneider, E. E）就曾經寫過《政治學、壓力和關稅》一書，對利益集團在美國斯姆特－霍利關稅法案（見本書第九章）中的影響進行了研究。

二、貿易戰的形式：從經濟封鎖到關稅壁壘、非關稅壁壘

隨著經濟全球化的過程，貿易戰的形式也在不斷地「豐富」和演化。

最初貿易戰的形式比較簡單，主要是透過哄抬物價、控制戰略資源出口等方式，破壞對手的經濟平衡；隨後貿易戰的形式又增加了對市場及貨源的爭奪，這類貿易戰往往同時伴隨著軍事戰爭。比如中國歷史上的管仲「買鹿制楚」、宋遼貿易戰就屬於此類。

人類歷史從分散走向整體後，國際經濟貿易聯繫也更加緊密，這意味著一部分國家對於國外貿易的依賴度在不斷提升。於是，貿易戰中一些國家開始試著用經濟封鎖的手段來打擊敵對國家，削弱其經濟實力。這方面我們能找到非常多的例子，比如拿破崙曾經試圖經由封鎖來扼殺英國經濟，以確立自己的歐洲霸主地位；美國南北戰爭中，北方利用貿易封鎖的方式削弱南方，加速了戰爭過程。

到了近代，最常見的貿易戰形式通常為關稅壁壘。關稅壁壘也就是我們通常說的關稅戰，關

稅戰歷史上曾經多次發生過：一八九三年，法國與瑞士爆發了一次貿易戰，其主要形式就是相互提高關稅，這次關稅戰的結果是，法國輸出到瑞士的商品減少了四三％，瑞士輸出到法國的商品減少了二七％；一八九三年，俄國與德國也發生了一次關稅戰，加徵的附加稅達到了五〇％，由於雙方均損失巨大，一年後不得不握手言和。

而「二戰」後，除了關稅壁壘這種傳統的貿易戰形式以外，非關稅壁壘也成為普遍的貿易戰措施。非關稅壁壘涉及的範圍非常廣泛，它是指除了關稅之外的所有貿易干預措施，常見的政策工具包括進口配額、出口補貼、自願出口限制、自產比例限制、國產化要求、反傾銷、反補貼、保障措施、進口許可證、技術性貿易壁壘、政府採購限制以及根據國內的貿易法條款進行調查後制裁。在美歐香蕉貿易戰、鋼鐵貿易戰中，我們都能看到這些更複雜、更隱蔽的貿易戰形式。

三、那些改變了歷史走向的貿易戰

歷史上，有很多或大或小的貿易戰在很大程度上影響了歷史走向，與人類的命運息息相關。其中，小則可能影響一個朝代的興亡、決定數十年的區域政治格局，大則影響了整個人類文明的過程。本書中我們可以看到很多這類經典貿易戰，以下僅舉幾例。

終結百年戰亂的鐵鍋貿易戰。明朝時期，韃靼部落連年侵擾長城沿線，北方邊關戰亂不停。名臣張居正靠著互市與「鐵鍋大戰」兩張牌，不動聲色地消弭了威脅北方和平的因素，昔日戰亂頻繁的長城沿線，變為興盛的貿易市場，許多著名的商幫與貿易路線都應運而生，助推了明朝「隆萬中興」的輝煌。

香料貿易戰與大航海時代。中世紀時，威尼斯與阿拉伯人聯手壟斷了香料貿易，歐洲人對香料的強烈渴望直接催生了大航海時代，成就了歐洲幾百年的世界霸主地位——在此之前，世界只是一個以臆想形式存在於人們頭腦中的概念，大航海時代到來後，人類歷史上第一次出現了東西半球多種文明的匯合，世界才成為一個相互影響的整體。

關稅大戰助推世界大戰。一九二九年，美國爆發了一次股市大崩盤，股災造成更可怕的連鎖反應很快發生：瘋狂擠兌、銀行倒閉、工廠關門、工人失業……整個銀行業和經濟體系陷入危機。為了轉嫁危機、振興國內市場，美國大幅提高關稅，引發了一場席捲資本主義世界的關稅貿易戰，世界經濟因此進入了長達十餘年的大蕭條時期。蝴蝶扇動的翅膀帶來了一場颶風，德國因為長期的經濟蕭條逐漸走入歧途，而美國巨大的關稅壁壘也隨著第二次世界大戰的硝煙和混亂坍塌。

四、貿易戰回望：自由貿易與貿易保護主義

無論過去還是現在，自由貿易和貿易保護的爭鬥從未停止，自由貿易雖然長期被以美英為代表的資本主義國家所推崇和宣導，但是在這些國家，貿易保護主義始終擁有一席之地。

曾經的「日不落帝國」英國，在擊敗了荷蘭和西班牙後獲取了海上貿易霸權，而當時其執行的就是保護主義的重商主義經濟政策：一四八五年，亨利七世推出了大力支持羊毛工業的貿易保護主義政策，一五八七年完全禁止羊毛出口；一六九九年通過「羊毛法案」禁止進口殖民地的羊毛製品；一七〇〇年英國國會通過一項禁止銷售印度棉布的法令；一八一五年英國通過了新的穀物法，提高了對農業的保護力度。直到工業革命開始後一百年，英國成為世界上最發達的工業資本主義國家，才取消了貿易和關稅限制，轉而宣導自由貿易。

美國的情況也與之類似。作為資本主義世界的後起之秀，美國其實是在高關稅的保護下成長起來的——從十九世紀二〇年代到二十世紀三〇年代將近一個世紀的時間裡，美國實行了世所罕見的高關稅保護主義政策，美國新興產業、成長期工業以及弱小工業一直被「銅牆鐵壁」保護著。

有人總結了一個經濟規律：為了保證國家利益最大化，每當發達國家經濟不景氣時，就實行貿易保護主義，當經濟繁榮時，又極力鼓吹貿易自由化；貿易戰一般都是在經濟遇到危機或行業遇到困境的狀況下爆發，經濟危機時的貿易戰相對廣度更大，行業困境時的貿易戰規模和範圍則相對較小。這個規律從本書中給出的一些經典貿易戰裡也能得到印證，比如一九三〇年世界性的關稅貿易戰、美國與歐盟之間持續了將近二十年的香蕉貿易戰。從以下的表格中，讀者可以更直接地看到這種相關性。

貿易戰	發起國	貿易戰形式	發生背景	時間	結果
斯姆特－霍利關稅戰	美國	關稅壁壘，對兩萬多種進口商品徵收高關稅	大蕭條前期	1930—1934年	引發30多個國家抗議與關稅報復，歐美兩敗俱傷，導致了全球大蕭條
雞肉貿易戰	歐盟	歐盟對美國進口雞肉徵收高額關稅並進行價格控制，美國反制，提高對西歐工農產品的進口關稅	美國即將步入「大通貨膨脹時代」	1963—1964年	雙方和解，美國降低37％平均關稅，換取歐洲降低35％平均關稅
日美貿易戰	美國	美國在紡織、鋼鐵、電視、汽車、半導體、電信等行業，對日本發起反傾銷調查或做出不利裁決，並通過了301條款、超級301條款，對日本進行制裁和限制	美國經濟滯漲，日本飛速崛起	20世紀60年代至20世紀90年代初	日本多次自願限制出口、對美國開放市場，並簽署了《廣場協議》。20世紀90年代初，因泡沫破裂陷入蕭條
美加貿易戰	美國	美國對加拿大木材進行反補貼調查，並徵收懲罰性關稅	美歐多國經濟下行	1982—2001年	雙方簽訂軟木協議，但是每隔幾年就會因為木材出現貿易摩擦
麵食產品貿易戰	美國	美國對歐洲柑橘類產品的准入制度不滿，並對麵食產品徵收關稅。為了報復，歐洲對美國的核桃和檸檬徵收關稅	美歐多國經濟下行	1985—1986年	雙方達成和解，歐洲損失不大。但農產品一直是美歐貿易摩擦的一個焦點
香蕉貿易戰	歐盟	透過許可證制度、配額制度對香蕉進口進行限制，美國動用301條款對歐盟實施關稅報復	歐洲共同體（歐盟）成為強大經濟體	1993—2012年	雙方達成協議，美國終止實施報復性關稅措施
鋼鐵貿易戰	美國	對進口的主要鋼鐵品實施為期3年的關稅配額限制或加徵高關稅	全球鋼鐵產能過剩	2002—2003年	歐盟、亞洲鋼鐵行業受損，2003年底，美國取消對鋼鐵的保護性關稅

（資料來源為公開資料及世界貿易組織的統計資料）

二十世紀以來，隨著經濟全球化步伐的加快，貿易摩擦數量不斷增多。世界貿易組織的統計資料顯示，貿易摩擦大多發生在歐、美、日等少數幾個貿易大國之間。其中，美國基本主導了世界經濟中規模較大的主要國際貿易戰。特別是從一九七四年頒布「三〇一條款」以來，美國共啟動了一二五項「三〇一調查」，中國、歐盟、日本、加拿大、韓國、巴西等多個世界貿易組織成員都屢次成為調查對象，其中部分成員被迫對美國企業開放市場或是成為美國實施報復措施的目標。

貿易摩擦效應研究顯示，貿易摩擦的結果只有兩種：第一種，貿易摩擦使所有國家（包括博奕方）的利益都受損，特別是在關稅戰中，沒有哪一個國家能受益；第二種，特定條件下（一國進口需求價格彈性相對較高），規模相同的國家之間的關稅戰使雙方均受損，雙方有相互侵害的能力，而規模不同的國家間的關稅戰往往是大國得益而小國受損。但即使這樣，也可能產生意外的影響。比如，美國為保護國產汽車行業，對歐洲汽車徵收高關稅，美國汽車行業確實在很大程度上避開了國外的競爭，但最終也因此喪失了快速實現現代化轉型的機會。最終美國汽車業走了數十年的下坡路，克萊斯勒和通用汽車不得不宣布破產。

黑格爾曾經說過，人類從歷史中吸取的教訓就是，人類從來都不會從歷史中吸取教訓。

現在，全球國際貿易緊密聯繫，國家與國家之間貿易往來日漸頻繁，國際貿易額不斷擴大。

但是隨著貿易成本整體呈下降趨勢，國家間的貿易保護主義也再度抬頭，貿易摩擦不斷升級。二〇一八年上半年，美國川普政府對中國、歐盟、北美貿易區、土耳其等國家和地區大量加徵關稅，發起了貿易戰。到目前為止，鋼鐵、鋁業、汽車、農產品、消費品等行業已經受到不同程度的影響。

三百年前，在現代經濟學開山之作《國富論》中，亞當・斯密提出專業化分工是提高勞動生產率的終極泉源，分析了專業化分工與自由貿易的關係；二百年前，李嘉圖提出比較優勢原理，奠定了現代貿易理論的基礎。之後，世界主流經濟學家也在不斷完善基於比較優勢原理的貿易理論，並且形成了被載入經濟學教科書的自由貿易理論，成為各國經濟學家和政策制定者宣導自由貿易的學理依據。在過去三分之一個世紀中，自由貿易給世界帶來了前所未有的繁榮和發展，所創造的財富給全人類帶來了最美好的時光。因此，儘管自由貿易的過程並非一帆風順，但以自由貿易為核心的經濟全球化仍然是當今世界不可逆轉的時代潮流。

現在，世界又一次處在歷史性關頭，我們不得不面對一次逆全球化或全球化的調整期，從貿易保護主義到真正的貿易自由，可能還有很長的一段路要走。

目錄

—第一章—

管仲的「貨幣戰爭」

貿易戰，爭的不是正義，而是經濟利益；貿易戰，鬥的不是軍力，而是不戰而屈人之兵。

管仲被稱為中國最早的「經濟學家」不是沒有道理的，他雖然沒有提出明確的經濟理論，但卻透過具體的經濟活動實踐其經濟思想，包括通貨膨脹、價格與市場、稅收與財政、國家宏觀調控、社會分工，甚至貨幣戰爭。管仲可以算作「貿易戰」的鼻祖，在兩千年前，他就曾用各種經濟手段發起貿易戰，不動兵刃便降服了對手。

衡山之謀

春秋時期，齊魯兩國之間夾著一個小國叫衡山國，衡山國雖小，卻有獨特的生存優勢——擅長製造大型戰車與各種兵器，在當時有「衡山利劍，天下無雙」之說。然而，神兵利器並不能拯救亡國的厄運。

彼時，齊國經過管仲改革，國力日益強盛，齊桓公素有成就宏圖霸業的雄心壯志，臥榻之側豈容他人酣睡，衡山國就成為齊國首先要除去的目標。

齊桓公想派兵攻打衡山國，但是又心存疑慮，擔心無法戰勝衡山國，於是就找來管仲商議。管仲建議齊桓公先不要對衡山國動兵刃，他有一個大膽的想法：「公其令人貴買衡山之械器而賣之，燕代必從公而買之，秦趙聞之，必與公爭之，衡山之械器，必倍其賈，天下爭之，衡山械器，必十倍以上。」

這是什麼意思呢？

管仲知道衡山國兵器製造工時較長，如果是大型戰車，造一台要一年半時間。他提議齊國高價進口衡山國的兵器，燕國和代國知道後，為了增強防禦能力也一定會購買，秦國和趙國知道後，肯定會認為齊國打算進攻他們，也會去跟著購買。這樣一來，衡山國的兵器價格就會大幅上漲，而現在衡山國的兵器產量就那麼一點點，天下人都來搶著買，價格必然漲到十倍以上。兵器價格暴漲引起的聯動效應就不是衡山國所能預料和控制的，到時候管仲自然有辦法打敗衡山國。

齊桓公聽從了管仲的建議，派人到衡山國高價訂購各種兵器，十個月後，燕國、代國、趙國、秦國果然不計價格地先後來爭購。不勞而獲的好處讓衡山國君高興到昏了頭，他對國相說：「天下都搶購我們的兵器，下令價格再漲十倍以上。」

於是，衡山國的各種兵器都以高價預定給了天下各國，衡山國民歡聲雷動，人們都跑去兵工廠製造兵器，以求謀取暴利，衡山國的土地卻因此都荒蕪了。

十二個月之後，管仲又派人去衡山國高價收購糧食。一時之間，全天下的商人都把糧食往齊國運輸，在之後的五個月裡，各國大部分糧食都到了齊國，糧食價格也被齊國抬高了三倍。

就這樣，花了十七個月的時間，衡山國的兵器價格漲了十倍，但糧食價格也炒高了三倍。這時，齊國突然宣布不要衡山國的兵器了，還跟衡山國斷交。

衡山國頓時陷入了一片混亂之中：齊國單方面撕毀了合約，其他高價購買的國家也跟著放棄了購買；衡山國沒有從兵器製造中賺到錢，反而因為舉國投入兵器生產，荒蕪了農田，國內還鬧起了饑荒。無奈之下，衡山國只好派人去齊國高價進口糧食，並很快因此財政破產。

這時，齊國開始陳兵邊境，跟魯國約定一起攻打衡山國，齊國攻打衡山國北，魯國攻打衡山國南。此時，衡山國已經沒有了一戰之力——國內鬧饑荒，國民大部分逃亡到齊國。

很快地，內憂外困之下的衡山國君做出了一個明智決定——「內自量無械器以應二敵，即奉國而歸齊矣」，衡山國舉國投降，歸順齊國。

齊國成為絕對的贏家，兵不血刃就收服了衡山國，還順便掌控了當時的重要物資——穀物，掌握了經濟主動權。

魯梁之謀

貿易戰雖然沒有硝煙，但是貨幣的威力卻絲毫不遜於真刀實槍的戰鬥。

齊桓公稱霸之路障礙重重，因為齊國周圍強鄰環繞，僅僅依靠軍事實力和「尊王」的堂皇旗號，很難達到稱霸的目的。為此，在管仲的建議下，齊桓公對內加強國家經濟管理，對外實行靈活的對外貿易方針，從經濟上對敵國進行戰略性打擊。

魯梁之謀就是一次精彩的古代貿易戰，管仲用真金白銀，不動聲色地同時擊敗了兩個鄰國。

故事發生在齊桓公繼位的第二年。

魯國和梁國與齊國毗鄰，而且總是衝突不斷，齊桓公繼位後，就將這兩個國家視為眼中釘肉中刺，欲除之而後快。他向管仲問計：「魯國和梁國對於我們齊國來說，就像田地邊的莊稼，蜂身上的尾螯，牙齒外的嘴唇一樣。現在我想攻佔魯梁兩國，應該怎麼做呢？」管仲思考了一下，然後對齊桓公說：「魯梁兩國的百姓，很多都以織魯縞為業。如果您穿起魯縞做的衣服，左右近臣也必定跟著穿，士紳們穿起了魯縞，百姓也就會跟著穿。此外，您還要下令齊國不准織魯縞，全力種田，這樣一來，魯縞就只能從魯梁兩國進口，魯梁兩國就將放棄農事而去織魯縞了。」

魯縞本來並沒有什麼特殊之處，只是魯梁地區的一種紡織品，以絲線為經，棉線為緯。但是自從桓公聽從管仲的建議，穿起了魯縞做的衣服，魯縞一下子就搶手起來。一時之間，齊國的王公貴族都穿起了魯縞，上行下效，齊國舉國掀起了穿魯縞衣的風潮。由於國君下令齊國不准織魯縞，商人們就紛紛跑到魯梁兩國去採購原料，魯縞的價格短時間內就被炒高了。

管仲不忘煽風點火，他還對魯梁兩國商人說：「齊國急需魯縞，你們給我販來魯縞一千匹，我給你們三百金；販來一萬匹，給三千金。」如此天價自然刺激了魯縞的生產，當時魯梁兩國百姓紛紛織魯縞，家家戶戶織機響個不停，連兩國國君也大力支持。就這樣過了一年，管仲派探子到魯梁探聽情況。探子回報說：兩國城中路上塵土飛揚，走路的、趕車的、騎馬的都在忙著運魯縞。魯梁農田荒廢，幾乎無人耕種。

管仲於是去見齊桓公說：「時機到了，可以拿下魯梁兩國了。」

桓公問：「該怎麼做呢？」

管仲回答說：「首先，您應該改穿帛衣，這樣一來，百姓就不會再穿魯縞。還要封閉關卡，與魯梁斷絕往來。」

國君與貴族都開始改穿帛衣，魯縞做的衣服很快就過時了，齊國市場飽和，再也無人願意購買，而齊國封閉了關卡，導致魯梁的魯縞銷售無門，大量積壓。

又過了幾個月，管仲再派探子去探聽消息，發現魯梁兩國的狀況已經很糟糕了——百姓開始沒飯吃，連朝廷的正常賦稅都交不起。雖然兩國國君都命令百姓去種田，但是從種植到收穫還需要很長時間，而且農田荒廢已久，產量也不會太高。

無奈之下，兩國只能向積聚了大量穀物的齊國進口糧食。管仲毫不客氣地把糧食價格一提再提，向魯梁要價每石千錢，這幾乎是正常售價的百倍。就這樣，兩國的財政幾乎被齊國掏空了。

這次貨幣戰爭最後的結局如何呢？

據史書記載：「二十四月，魯梁之民歸齊者十分之六，三年，魯梁之君請服。」

這才是真正的「不戰而屈人之兵」。

買鹿制楚

春秋時期，各國的經濟結構都很簡單，交易的商品也不外乎糧食、鹽、布匹、金屬等國計民生的必需品。管仲透過哄抬物價，破壞敵對國家經濟平衡，形成單邊的經濟依賴，讓齊國牢牢把握了經濟主動權，他已經很精準地把握住了貿易戰的本質。在買鹿制楚一戰中，我們也能很清晰地看到管仲的這種貿易戰思路。

楚國位於齊國之南，實力雄厚、歷史悠久，對齊國時有滋擾，嚴重影響了齊桓公的稱霸大計。齊桓公想要發兵震懾，但是「恐力不能過」，硬碰硬未必能佔到便宜，於是在管仲的勸說下，還是決定先打貿易戰。該怎麼做呢，楚王畢竟不像衡山國王那麼短視，如果直接購買民生物資，很可能會引起對方的警惕。管仲在思考之後，建議齊桓公以興建狩獵場為名去楚國重金收購鹿。很快，上百名齊國商人組織了一個大型採購團，用大車拉著銅錢，到楚國去大量購鹿。他們在市面上到處傳言：「齊桓公好鹿，願不惜重金購買！」雖然鹿是楚國所特有的，但當時在楚國並不是什麼罕見動物，楚國人把鹿當作食物，通常兩個銅幣就可以買一頭。但是齊國商人一來就開出了高價，開始是三個銅幣買一頭鹿，半個月後漲到五個銅幣一頭。隨著時間的推移，鹿的價格還在不斷上漲，原來兩個銅幣的鹿逐漸被炒到十個銅幣、十五個銅幣，最後甚至上百個銅幣才能買到一頭鹿。

這件奇事很快就傳到了楚王的耳朵裡，楚王一開始還有點疑慮，他派人調查了一下，下面的人回報說齊國買鹿是為了興建狩獵場供齊桓公玩樂。就這樣，楚王根本沒有弄清楚齊國的真正目的，就過早地放寬了心。楚王認為齊國是在自尋死路，還興奮地組織了盛大的宴會，在酒宴上對大臣說：「十年前有個小國叫衛國，他們的國君玩物喪志，因為特別喜歡白鶴，就花很多錢去買鶴，最後耗空財政滅亡了。現在齊桓公好鹿，難道不是在重蹈衛國的覆轍嗎？這是楚國的福氣呀！」於是，他對齊國買鹿一事放任不管，與大臣飲酒作樂去了。

齊國重金買鹿在楚國引起了巨大的轟動，農夫們驚訝地發現，一頭鹿的價值竟然抵得上千斤糧食，於是他們紛紛捨棄農田，製作獵具跑到深山裡去獵鹿。鹿越來越少，獵鹿的人卻越來越多。事情發展到這裡，我們已經能夠看出楚國將要面臨的危機了，但是管仲還覺得不夠，他又對楚國的商人散布傳言說：「你們也去幫我們收購鹿，給我二十頭鹿，就給你們百兩黃金，兩百頭鹿，就價值千金。」重賞之下，必有勇夫，在管仲的運作和各國商人的推動下，獵鹿成為楚國的舉國運動，人們都放棄本職工作跑到森林裡抓鹿，甚至一些士兵也將手中的兵器換成獵具，偷偷地跑去打獵。這一年，楚國的良田大面積荒蕪，官府和民家的銅幣卻堆積成山。

但是接下來發生的事情卻讓楚國傻眼了。楚國的大小糧倉都見了底，幾處毗鄰齊國的邊陲要地，更是接連因為饑荒而爆發動亂。楚王一開始還沒有慌，因為楚國有的是錢，他讓人拿錢去齊國買糧食，沒想到齊國卻關閉了邊境，不肯賣糧食給楚國。此外，管仲還讓齊桓公發布號令，禁止其他諸侯國賣糧食給楚國。楚國空守著滿倉庫的黃金、銅錢，卻只能忍饑挨餓。

漸漸地，楚國民心不穩，日漸動盪，齊國又派大臣把糧食運到齊國和楚國邊境一個叫芊的地方，告訴楚國人說：「我們這個地方有糧食，如果有誰不想再挨餓了，就離開楚國來我們齊國吧！」於是，大批楚國人逃到了齊國。眼看時機成熟了，管仲就集合八路諸侯大軍，浩浩蕩蕩地進逼楚境。此時的楚國民心渙散，軍隊也被餓得無力作戰，如案上的魚肉，只能任人宰割。楚王只得放下老牌強國的尊嚴，向齊桓公求和，同意聽從齊國的號令，把齊桓公捧上了霸主寶座。

歷史上，管仲曾經多次發起這類貿易戰，除了前文所講的幾個國家以外，萊、莒、代等國也都被管仲扭曲了經濟結構，破壞了糧食安全，摧毀了經濟基礎，未動一刀一槍就敗給了齊國。

縱觀這幾次「貨幣戰爭」，從頭到尾都貫穿管仲的經濟思想——「輕重之術」。管仲認為商品和貨幣都有價值，價低則賤，賤即為輕；價高則貴，貴即為重。輕重是由流通量來決定的，散之則輕，藏之則重。商品與貨幣的輕重剛好相反，幣重則物輕，幣輕則物重。「故善為天下者，謹守重流，而天下不吾洩矣……彼重之相歸，如水之就下」，這是說一方面守住本國所有的重要物資，不經過貿易流通出去；一方面要將別國的重要物資，透過貿易「聚」到本國來。一句話，經由調節戰略性物資的供給，便可以輕而易舉地掌控一國的經濟命脈。

第二章

互市貿易中的「經濟帳」

互市指歷史上中原王朝與周邊各族間的貿易往來，起源於漢初，隋唐以後，各王朝都設有專門的管理機構。互市盛行於宋、明，尤其是極負盛名的茶馬互市，對維護宋朝在西南地區的安全與穩定產生重要作用，是兩宋王朝具有重要戰略意義的治邊政策。互市貿易有時候也能讓雙方的實力此消彼長，甚至因此改變王朝的歷史走向。

宋遼暗戰

一個文明，無論發展出多麼絢爛的文化、多麼昌盛的經濟，如果沒有保護自身的相應軍事實力，就註定成為悲劇，宋朝就是這樣一個例子。宋朝與遼金的戰爭一直都是人們關注的焦點，但我們現在要帶大家看看歷史上宋王朝鮮為人知的一個亮點——一直處於優勢地位的遼國在貿易戰中從未能贏過宋朝，而宋朝則開創了利用經濟手段解決民族問題的先河。

「澶淵之盟」後，宋遼約為兄弟之國，但實際上雙方的關係還是「敵屬之國」，只不過軍事戰爭不打了，卻打起了貿易戰爭。宋遼都想從經濟上削弱對方，讓對方的財富流入自己國中，於是一場激烈的暗戰就此開始。

我們先來複習一下「澶淵之盟」的主要內容：

（一）宋遼約為兄弟之國，遼聖宗年幼，奉宋真宗為兄，後世仍以此論。

（二）宋遼以白溝河為界，雙方撤兵；此後凡有越界盜賊逃犯，彼此不得停匿；兩朝沿邊城池，一切如常，不得修築城牆。

（三）宋每年向遼提供「助軍旅之費」銀十萬兩，絹二十萬匹，至雄州（今雄安新區）交割。

（四）雙方於邊境設置榷場[注]，進行互市貿易。

和議的一項重要內容就是進行互市貿易，簽約後，宋遼雙方在各自控制區內分別開設了若干榷場，將此前因為戰爭時斷時續、風險極大的宋遼邊境貿易官方化。雙方在榷場設立機構，辦理經商認證手續，稽查貨物，收取關稅，管理和維持市場秩序。透過榷場，宋朝的農產品、手工業品和海外香料源源不斷地運往遼國，而遼國的牲畜、皮貨、草藥、井鹽也陸續進入宋朝百姓人家。其中，宋朝出口的茶葉、香藥、犀象、蘇木、繒帛、漆器、瓷器、杭稻等商品最多，遼國的出口則主要以羊、馬、鑌鐵刀、北珠為主。

當然，雙方也都對一些戰略性的商品進行了交易限制，比如遼國的軍用戰馬，宋朝的硫黃、銅鐵、弓箭，都禁止在榷場流通。後來，宋朝還禁止「九經」以外的書籍出口入遼，防止遼國得知「朝廷得失，軍國利害」。但是再嚴格的限購也無法阻擋雙方的迫切需求，宋朝需要戰馬，於是暗中支持商人走私，遼國一方也是如此。比如遼國對宋朝知識技術非常依賴，因此走私書籍的利潤就高達十倍，屢禁不止，每次汴京出了新書，遼國都要設法弄到手，在當時榷場外的走私生意異常興盛。

這裡穿插一個有趣的小故事。詩人蘇轍曾作為外交使節出訪遼國，沒想到卻在遼國看到了契丹人翻刻的《眉山集》，而當時蘇軾的這部詩集才剛剛刊印不久。感慨之餘，蘇轍寄給兄長一首絕句，調侃道：「誰將家集過幽都？逢見胡人問大蘇。莫把文章動蠻貊，恐妨談笑臥江湖。」由此可見當時榷場走私的迅捷。

榷場從表面上看是各取所需的共贏貿易，可是實際上宋朝一直處於優勢地位，雙方的實力呈此消彼長態勢，原因很簡單：

首先，宋朝經濟實力強大，物產豐富，向遼國出口了大量攸關國計民生的商品，使得遼國民眾越來越依賴宋朝的供應。相比之下，遼國對宋朝的商品出口就比較單一，通常只有牲畜、礦物等特產。舉個例子，宋朝向遼國出口的大宗商品之一是茶葉，遼國人有多愛茶葉呢？據說遼國人一日不喝茶就會生病。結果在陝西和河北口岸，大宋自澶淵之盟以來的茶葉關稅猛增十倍，每年宋朝都可以用大量出產的茶葉交換遼國最珍貴的戰略物資。宋朝對遼國的貿易順差越來越大，而遼國即使算上每年得到的幾十萬歲幣，也遠遠不足以彌補越來越膨脹的貿易缺口，他們的財富就透過貿易戰源源不斷地流入大宋。這種情況導致的一個重要後果是，遼國的本幣在域內流通量逐年減少，對宋朝的貨幣體系產生嚴重依賴，後來遼國完全喪失了鑄幣權，被宋朝掐住經濟命脈——王安石開放銅幣外流禁令時期，銅幣被整船運往遼國，遼國就出現了泡沫經濟式的繁榮；宋朝在王安石下台後再禁銅錢，遼國又一下子出現了流動性緊縮，經濟遭到重創。

其次，先進文化總是讓人難以抗拒。宋遼通商以來，遼國積極學習漢文化，培養大批人才學習漢語、漢字，遼國的百姓也因此移風易俗，開始崇尚中原飲食、服飾和禮樂，不再喜愛彎弓牧馬的生活。遼國的文化根底被瓦解，思考方式和意識形態也更接近中原漢族士民。當然，從積極的一面來看，這也更有利於後世的民族融合。

從一〇〇四年直到一一二五年遼國滅亡，宋遼兩國的和平長達一百多年。有人可能會說，宋遼兩國是互相腐化，最後同歸於盡，但至少榷場貿易用溫和的買賣代替了暴力的搶奪，這也是人類文明發展進步的象徵，而且宋朝用貿易完成了對對手的削弱，成為當時世界上的富庶帝國。雖然最終北宋與遼差不多同時滅亡，但南宋又延續了百餘年，甚至也把金國納入自己的貨幣體系。從這個角度來說，這場持續數百年的貿易戰，宋朝確實是當之無愧的贏家。

注：宋、遼、金、元時在邊境所設的與鄰國互市的市場。場內貿易由官吏主持，除了官營以外，商人需要納稅、交牙錢，領得證明文件方能交易。榷場有嚴格的操作流程和交易限制：榷場的管轄權屬於所在地區的監司及州軍長吏；榷場另設專官稽查貨物，徵收商稅；買賣雙方不得直接交易，政府派官牙人（仲介）評定貨色等級，包攬交易全部過程，收取牙稅（仲介費）；小商人十人結保，每次只能攜一半貨物到對方榷場交易；戰略物資通常被列入榷場禁售範圍。

鐵鍋買賣

明朝時期，韃靼部落雖然在前期明軍北伐後退往漠北蒙古高原，但卻連年騷擾長城沿線，北方邊關戰亂頻仍。韃靼騎兵進入明朝邊境搶掠財物，明朝付出的代價十分高昂，百姓厭惡戰爭，紛紛衝破邊境的封鎖，以私相貿易來平息邊事和解決經濟困難。

從一五三四年（嘉靖十三年）開始，俺答汗表示希望向明朝政府納貢，有時一年派出幾十次特使，但是都被明朝政府回絕。求貢不成，俺答汗於一五五〇年（嘉靖二十九年）率兵攻入長城，直趨北京城下，這就是歷史上的「庚戌之變」。迫於韃靼騎兵的威勢，第二年嘉靖皇帝終於同意在大同為俺答汗開設馬市，蒙古人可以用馬匹換取內地的產品。但是不久後，明朝因為俺答汗提出了以牛、羊進行貿易的要求而關閉了互市，雙方又開始了長達二十年的邊境戰爭。

在明朝改革家張居正及大學士高拱等人的努力下，明朝一邊整軍痛打，一邊招降韃靼，最終迫使俺答汗接受了明朝順義王的冊封，宣布十三條和平條款，表示蒙漢世世友好，永不相犯。雙方更開始了長城沿線的「互市」貿易，東起宣府西迄甘肅，一共建立十一處互市，戰亂二百年的北方草原終於初現和平曙光。

互市貿易開始後，邊境很快呈現和平繁榮景象：韃靼人以馬匹、牛、羊雜畜和皮毛交換明朝的糧食、布帛和鐵鍋等日常物資，中原北方和韃靼的經濟困難都得到了很大的舒緩。高拱感慨道：「數月之間，三陲晏然，曾無一塵之擾，邊氓釋戈而荷鋤，關城熄烽而安枕，而今有之。」

擁有敏銳經濟嗅覺的張居正認為互市正是「制虜」的好機會，從哪裡入手呢？他的做法是把鐵鍋貿易的主動權抓在手裡。

鐵鍋的製造技術較為複雜，作為草原游牧部落的韃靼根本無法製造，此時陸上絲綢之路已經沒落，韃靼失去了鐵器的來源，因此只能從大明王朝取得所需的鐵鍋。我們在明朝史書中經常看到這樣的描寫：韃靼騎兵入境搶劫，他們最愛的寶物就是鐵鍋，所到之處劫掠一空，連百姓家灶上的鐵鍋都要揭下來拿走。韃靼之所以如此渴求鐵鍋，一方面當然是為了提升草原人的生活品質，另一方面也是草原部落需要用其熔煉兵器。

深謀遠慮的張居正，就抓住了這個關鍵點下了一盤大棋，他利用經濟手段建構了一個戰略，成功地將草原納入控制之中。

當時，張居正去找了大臣王崇古，告訴他以和備戰，互市中一定要嚴格控制鐵鍋買賣。張居正在《與王鑑川計四事四要》中明確提出：韃靼要求買鍋，鍋是鐵鑄的，日後也可以變成武器，輕易賣不得；廣鍋不好回煉，不能鑄造兵器，不妨出賣廣鍋，但需限量銷售，買家買的時候要拿破舊的鐵鍋來換。實際上，鐵鍋買賣限制執行得還要更嚴苛，《大明會典》就記載了這樣的規定：「鐵鍋並硝黃鋼鐵俱行嚴禁，市場定於大同鎮，每年一市，每市不過二日。」這就是說，並非每一處互市市場都有鐵鍋賣，每年只有大同互市賣兩天，當年錯過了，就只能等第二年了。

當時，朝中很多人難以理解張居正「鐵鍋貿易戰」的深意，覺得互市都開了，何必只限制鐵鍋買賣，簡直是多此一舉。但是鐵鍋貿易還是在張居正的努力下推行下去，而效果也正如張居正所料——限制鐵鍋銷售，慢慢地消除了威脅和平的因素。總是烽煙四起的長城沿線，此後近百年裡互市貿易興盛，百姓安居樂業，還誕生了很多有名的商幫與貿易路線，互市貿易進一步助推了明朝「隆萬中興」的輝煌。

張居正這個政策實施後，失去了武器的蒙古逐漸走向滅亡，被努爾哈赤滅了國。世道輪迴，後來努爾哈赤用人參打贏了貿易戰，最後滅了明朝，不過這又是另外一個故事了。

人參之戰

努爾哈赤是女真族的可汗，他統一了女真族，建立後金，是中國歷史上一位出色的軍事家和政治家。其實，努爾哈赤非常重視經濟發展，他帶領女真人透過「馬市」、「貢市」等互市商貿活動，完成了財富的原始累積，不斷發展壯大，最終成為大明王朝的掘墓人。

女真是生活於東北地區的古老民族，是滿族的前身。女真人耕獵並重，地區盛產人參、皮毛、馬匹、東珠和海東青，而關內的鐵器、耕牛、布匹、食鹽是他們所缺少的，因此對於大明朝廷允許的「馬市」非常看重。

明朝在遼東開設馬市的初衷是為了加強邊防、鞏固與女真各部的關係，同時也可以滿足自身對戰馬的需求。明王朝認為，邊疆各族「服用之物，皆賴中國，若絕之，彼必有怨心，皇祖許其互市，亦是懷遠之仁」，明朝相信與女真人互市能達到「不戰而馴擶之」的效果。這個政策理論上沒錯，但是執行後所產生的效果卻出現了重大偏差。

在明王朝的支持下，遼東馬市越來越繁榮，逐步由單一的馬市發展為大型綜合市場，商品的種類也日益增多，女真人出售貂皮、人參、蜂蜜、木耳、蘑菇等狩獵和採集品，漢族則出售布匹、絲、陶瓷、米、鹽、鐵鍋、鐵鏵等生產生活用具。

互市讓女真族獲益良多，透過貿易，他們不僅獲取了糧食、布匹等生活必需品，還引進了耕牛、鐵製的農具及先進的農業生產技術，「戶知稼穡，不專以射獵為生」，由採集、狩獵進入半農耕和農耕社會，女真族聚居區從不會耕種的糧食進口區變成了糧食出口區。努爾哈赤還透過馬市貿易將買回的鐵器改製成兵器，透過學習漢人的生產方式學會了冶鐵，大大提升了女真人的戰鬥力。更重要的是，這種互市貿易還成為女真人學習漢文化的重要途徑，他們從漢族的書籍中汲取營養，開闊視野，昇華思想，實現了跨越式進步。

相反，明朝卻因為互市陷入了奢靡消費的漩渦。明朝在互市中大量採購人參、貂皮等奢侈品，以此滿足富裕階層的消費欲望，最終也導致國庫家財的流失，助長了浮誇和腐敗，而最終腐敗的成本又轉移到了普通百姓身上，進一步加劇了明朝的統治危機。

人參貿易是女真經濟的重要支柱，明朝曾經想用人參貿易來壓制女真——對女真實行經濟制裁，關閉人參貿易，女真的人參將大量滯銷並毀壞，經濟來源斷絕，最後只能向明朝乞降。但是努爾哈赤卻破解了明朝的招法，在人參貿易戰中大獲全勝，不用武力就打敗了明王朝。

人參是中藥之中的聖品，古人相信人參甚至有輕身延年的功效，因此價格高昂。民間醫用人參主要是東北地區的野生人參，當時稱之為「遼參」，在互市貿易中，遼參也是最受漢人歡迎的商品，交易量和交易金額巨大。大到什麼程度呢？當時的人參價格大約每斤在十五至二十兩白銀，而每年交易量有幾萬斤，年交易額達到幾十萬兩。這是一個驚人的數字，難怪時人說努爾哈赤「擅貂參之利」。

巨大的貿易順差使努爾哈赤的實力不斷增強，明朝在遼東的地方官也向朝廷報告說「努爾哈赤日驕」。為了遏制日益強大的努爾哈赤政權，明朝決定對努爾哈赤實行經濟制裁，具體辦法是嚴格限制人參交易的規模，同時打壓人參價格。

在人參貿易戰初期，這個方法還是很有效的，因為當時女真人還沒有掌握人參的長期儲存方法，在用水沖洗過後，人參極易腐壞，不能及時交易，只好白白任其發霉。

貿易戰開始後，努爾哈赤對明朝的人參貿易幾乎停滯，大量新採挖的人參賣不出去，一兩年間就腐爛十幾萬斤，造成了巨大的經濟損失。無奈之下，女真人只好向明朝商人屈服，忍痛廉價出售，甚至主動壓低價格只求脫手。

儘管在貿易戰中處於不利地位，但是努爾哈赤並沒有屈服，他也不願放棄巨大的人參外貿收入。他很清楚人參是漢人非常喜愛的珍品，在關內，人參的價格幾乎與黃金不相上下，這一點並沒有改變，只是因為女真無法長期儲存人參才會受制於人，而這一點是可以改變的。經過不斷的試驗和請教有經驗的挖參人，努爾哈赤終於發明了一種用沸水焯人參再曬乾的保存方法，這樣一來，既可以長期存放不發霉，又不影響藥效。

於是，明朝對人參貿易的打壓就被破解了，努爾哈赤的人參加工方法不僅幫他渡過了難關，而且也讓女真人對他非常感激，這樣一來，他的政權自然更加鞏固。

值得一提的是，努爾哈赤在人參貿易戰中獲勝後，並沒有被勝利沖昏頭腦，他依然按期納貢，在表面上與明朝維持君臣關係，一方面增強自身實力，另一方面用人參、貂皮等奢侈品消耗對方，等待進剿時機，可謂高瞻遠矚、深謀遠慮。

當下，經濟制裁和貿易戰在很多時候已經替代了軍事打擊，努爾哈赤與明朝的人參貿易商戰，也可能會給我們一些啟示和借鑑。

一第三章一

白銀帝國的衰亡之路

雖然歷史上曾被稱為白銀帝國，但中國實際上是一個「貧銀」國家，之所以能在數百年間維持銀本位，靠的就是海外白銀——全球白銀因為茶葉貿易而流入中國，僅在一七〇〇年到鴉片戰爭前，從歐洲和美洲運往中國的白銀就達一億七千萬兩。進入清代後，白銀繼續流入中國，但是後來情況發生了巨變，閉關鎖國也擋不住門外強虜，硝煙裹挾著貿易戰一同炸響，東西方文明發生了難以避免的衝突與碰撞。

中俄貿易

提起清朝的對外貿易，我們通常會想到的是「一段屈辱的歷史」、「閉關鎖國」、「被迫開放口岸」，實際上清朝也有過短暫的輝煌，比如在乾隆時期，清朝曾經對沙皇俄國發起過三次「貿易戰」，迫使俄國人屈服。

故事要從一七九二年說起。恰克圖是中俄邊境的一個商貿城市，一七二七年，中俄曾經在這裡簽署過《恰克圖條約》，俄國從這個條約中攫取了領土[注]、貿易、宗教等方面的巨大利益，雙方還約定在恰克圖地區開闢貿易點，進行通商。

和約簽訂的第二年，恰克圖就作為邊境貿易「特區」開放，交易開始迅速進行，繁榮程度不遜色於廣州，當時西方人甚至把該地區稱為「沙漠威尼斯」。恰克圖的邊境貿易對俄國經濟影響巨大，因此中俄邊境有了較長時間的和平。

但是好景不長，到十八世紀五〇年代後期，中俄雙方發生了摩擦，爆發了第一次貿易戰。雙方關係之所以迅速惡化，是因為當時俄國拒絕交出逃到俄國的準噶爾叛軍，他們還違反規定，向中國商人徵稅。因為交涉無果，震怒的乾隆皇帝就拿起了貿易戰的武器，下令斷絕與俄國的貿易，並且嚴查邊境走私。

天子之怒不容小覷，乾隆決定重懲俄國，貿易戰進行得特別堅決，當時清朝監辦大臣丑達等人為了私利，在恰克圖私自貿易，乾隆知道後將其就地正法，以儆效尤。很快，貿易戰的效果呈現出來，六年時間，俄國經濟損失慘重，據俄國海關統計，一七六二年雙方交易額達到一〇八萬盧布，而一七六六年驟降到了四・四萬盧布，國庫收入大幅減少。無奈之下，俄國向清朝屈服，雙方簽訂了《恰克圖條約補充條款》。

這次貿易戰維持了十年的和平，一七七八年中俄雙方又爆發了第二次貿易戰。事件的導火線是俄國商人走私販運馬匹，被清朝巡邏士兵人贓並獲。清朝派人通知俄國後，俄方的態度卻非常傲慢，拒不審理犯人，此時又傳說有數千人跨越邊境進入中國，於是乾隆下令關閉恰克圖互市。這一次，俄國反應較為迅速，他們撤換並且處理責任人，互市只停市不到兩年時間。

第三次貿易戰發生在一七八四年，起因是有俄國人潛入清朝境內搶掠。清朝要求俄國按照《恰克圖條約補充條款》的規定審理此案，將犯人在該犯所屬國之一的邊境當眾斬首，並處以十倍罰款。但俄國卻只是草草處理了事，激起了清政府的不滿，於是乾隆第三次下令停止對俄貿易。

這次的貿易戰持續了八年時間，俄國最後不得不軟化態度，完全接受清朝方面的要求，雙方簽訂了《恰克圖市約》，俄方保證認真處理官員違約和各類越境犯罪行為。

從三次貿易戰的結果來看，都是清朝以貿易為手段，迫使俄國屈服，清朝大獲全勝，但這只是沒落殘陽最後的一絲光亮，這三次貿易戰暴露出了許多問題。

比如，貿易戰中有一個細節：俄國進口的大宗商品中，包括中藥大黃，清朝人不明白俄國大量購進大黃的緣由，以訛傳訛地說俄國人腸胃不好，需以大黃排毒通便，否則就會喪命。清朝廷相信了這種荒謬的說法，自以為抓住了攸關俄國民生的戰略物資，在貿易戰中屢屢用大黃制衡，逼迫俄國就範。

每次關閉邊境貿易，乾隆皇帝都要嚴令禁止大黃出口，嚴禁走私大黃，「一經發覺，即從重治罪」。其實這完全是個誤會，俄方之所以看重大黃，只是因為大黃貿易利潤豐厚，根本不是什麼「治病之要藥」。當時，恰克圖市場上每普特[注]大黃能賣到十六盧布，加上把大黃運到聖彼得堡的運費成本也就三十盧布，而俄國人將大黃轉銷到歐洲其他地區，每普特可以賣到六十五盧布，利潤已經翻倍了。但「大黃、茶葉制夷」之說在清朝卻深入人心，以至於控制大黃貿易成為清朝國防戰略的重點之一，其重要程度甚至超過了「槍炮制夷」。

這是一件既可笑又危險的事，一旦外國人能得到其他比販賣大黃更大的利益，用大黃來要脅對方就完全沒有作用了，茶葉也是同樣的道理，後來的鴉片戰爭就證明了這一點。

還有一個細節，《恰克圖市約》第一條寫著「恰克圖互市於中國初無利益，大皇帝普愛眾生，不忍爾國小民困窘」，語氣中充滿了天朝上國的傲慢，對俄國不屑一顧，完全不知道歐洲已經開始了第一次工業革命，先進的科學技術才是第一生產力，強大的國家實力是貿易戰的基礎，如果當時清王朝能夠意識到這一點，也許就不會有之後的百年沉淪。

注一：將貝加爾湖以南及西南約十萬平方公里國土割讓給俄國。

注二：普特是沙皇時期俄國的主要計量單位之一，是重量單位，一普特約合一六．三八公斤。

茶葉戰爭

中國的茶葉輸出貿易開始得很早，西元六世紀，茶葉就隨著商人的駝隊傳到了中亞。到了元代，蒙古人建立了貫通歐亞的大帝國，茶文化也迅速地在阿拉伯半島和印度傳播開來。到了清朝時期，中國茶葉透過海運輸往了許多國家。

圍繞著茶葉貿易，曾經發生過許多貿易、外交、軍事爭端甚至戰爭，比如十六世紀，荷蘭和葡萄牙曾經展開貿易戰，英國和法國曾經引發外交紛爭……有些我們後文還會詳細講到，而在這裡我們重點要說的是清政府與英國的茶葉貿易戰。

英國人愛喝茶這件事全世界都知道。其實，茶葉最開始在歐洲是被當作醫治昏迷、虛弱、胃腸疼痛的藥品，之所以能風靡整個英國，是因為後來茶葉被作為奢侈品推薦給英國皇室。英國皇室以飲茶為榮，貴族們也紛紛仿效。從十七世紀開始，茶葉成為英國人最愛的飲品，上至貴族皇室，下至乞丐僕人，都將喝茶作為一天的必修課，而到了十八世紀，英國人無論男女老少，每人年均可消耗一磅以上的茶葉。英國民謠中甚至唱道：「當時鐘敲響四下，世上一切為茶而停。」英國人對飲茶的癡迷程度可見一斑。

資料顯示，十八世紀二〇年代之前，英國的茶葉年進口量還不足一百萬斤，然而在之後的幾十年，茶葉進口量迅速竄升，年平均進口量增加到二百萬斤。茶葉開始成為中英貿易中最重要的商品，一度佔到英國進口貨物總值的九二％，而茶葉在英國的售價也比其他國家更高，利潤巨大。當時，英國進口茶葉由英國東印度公司壟斷，其他國家的茶葉進來要徵稅，稅率最高達到一二七・五％。

到了十八世紀六〇年代，英國與清政府的貿易不斷擴大，但是嚴重的貿易逆差問題也顯現出來。中國茶葉每年輸出達一千八百萬斤，而歐洲輸入中國的洋布、鐘錶等少量商品，價值不抵中國出口商品的十分之一。當時，往來中國與歐洲之間的商船離開中國時，裝的是滿滿的貨物，來到中國時，只有一半的商船運貨，另一半商船只能裝黃金和白銀。

巨額貿易逆差，使歐洲的白銀嚴重短缺，甚至誘發了金融危機。英國國內還出現了一批「反茶主義者」，他們宣揚「禁茶」，認為拿著大量白銀去購買茶葉是一件禍國殃民的事：「耗費大量白銀從東方國家進口豪侈的茶葉，有百害而無一利。這些錢完全可以用來修路、建農場和果園，老實說，這些錢都夠把農民的茅草屋蓋成宮殿了！喝茶不僅傷害身體、傷害經濟，甚至還有亡國的危險。」「……這是多麼荒謬的事啊，連街頭的乞丐都在喝茶！工人一邊工作一邊喝茶，拉煤的人坐在煤車上喝茶，田地裡的農民都在喝茶……連麵包都吃不起的人竟然還喝得起茶……」

在這種情況下，英國迫切希望打開中國市場，擴大出口，平衡對華貿易。於是，英國在一七九二年派遣馬戛爾尼使團訪華，藉著慶賀乾隆皇帝壽辰之機，要求在中國增開通商口岸，降低關稅。使團帶來的禮物，幾乎囊括了當時歐洲工業文明的全部精華：軍艦模型、望遠鏡、連發槍、自鳴鐘、玻璃燈、地球儀、天體儀、樂器，甚至還包括熱氣球和榴彈炮。但是乾隆皇帝認為「天朝物產豐盈，無所不有，原不藉外夷貨物以通有無」，對他們的貨物完全不感興趣，還覺得他們的態度不夠恭敬，直接拒絕了通商請求。從大歷史角度來看，這對於中國來說是一件遺憾的事，因為中國也許可以藉著這次機會融入工業革命的洪流中。

英國人當然不可能就此罷休，他們努力尋找其他方法抹平貿易逆差，即使這種方法是不道德的。接下來發生的事我們都知道了，英國建立了一個三角貿易區，向中國大量出售鴉片。具體做法是：英國向印度出口紡織品，換取印度農民種植的鴉片；接著，英國把印度鴉片運到中國，換取白銀；最後，再用白銀換茶葉，運回歐洲銷售。到了一八二〇年，英國就已經扭轉了對華貿易逆差，每年銷往中國的鴉片從二千箱遞增到四萬箱，截至林則徐禁煙時，輸入中國的鴉片價值約兩億四千萬兩白銀。藉助鴉片貿易，英國不僅扭轉了中英貿易逆差，還獲得了大量中國的茶葉。

隨著鴉片的大量輸入，清朝上下一片烏煙瘴氣，從達官貴人到士農工商，大量的人染上吸鴉片惡習，不但中國人體質下降、精神狀態萎靡，還導致白銀外流，銅錢貶值。有資料顯示，十九世紀初，一兩銀子約合銅錢一千文，到了鴉片戰爭前夕，銀錢兌換率竟然達到了每兩一千六百文，清朝的經濟受到了嚴重干擾。

意識到了問題的嚴重性，道光皇帝決定禁煙。沒想到英國不但拒不配合，而且態度跋扈囂張。震怒之下，道光皇帝決定終止與英國的貿易，「區區稅銀，何足計論」。作為茶葉的出產國，中原帝國曾經在茶馬互市中佔盡先機，清政府認為這次也會如此，但是他們失算了。在與中國的貿易中，茶葉貿易稅收達三百多萬鎊，為英國財政收入的十分之一；鴉片貿易稅收達二百多萬鎊，為英屬印度殖民政府收入的十分之一。這樣的巨額收入，英國怎麼可能輕易放棄？為此，英國出動軍艦，遠渡重洋，發動了侵華戰爭。堅船利炮下，大清帝國被迫簽訂城下之盟，割地賠款。這就是一八四〇年的鴉片戰爭，也是中國那段屈辱近代史的開端。

中國的損失還不僅如此。一八四八年，英國植物學家跑到中國尋找最優良的茶葉品種，大量的茶苗被運到印度和斯里蘭卡，茶葉長城轟然倒塌——中國的茶葉資源壟斷被打破，不再是世界茶葉市場的唯一供應國，甚至中國出產的茶葉被視為茶中次品，到了一八九四年，華茶進口僅佔英國茶葉消費的二四％。

抵制美貨

清朝曾經長期奉行閉關鎖國政策，不僅禁海運，《大清律例》中還嚴禁華人出洋。鴉片戰爭後，列強不但迫使清政府敞開國門，開放市場，還得到了一項重要戰果，那就是迫使清政府允許華人出洋務工，華工正好可以填補因為黑奴貿易被禁止後出現的勞動力缺口。處於經濟蓬勃發展期的美國，就引入了大量華工（其中有相當部分是被誘拐和綁架的）。其後，美國人對法案多次修訂，排華的政策一次比一次嚴厲。正是這種歧視中國華工的排外政策，導致了一九〇五年抵制美貨運動的發生。

華工剛進入美國的時候，受到了美國的熱烈歡迎和接納，因為彼時美國剛開始「淘金熱」，嚴重缺乏勞動力，於是一大批華工加入到「西部大開發」中。金礦開採完後，十萬華工又轉去鐵路、林場、農場、牧場、餐飲和洗衣等行業，其中大量的華工被引入築路工地。當時，美國急於修建一條貫通東西部的鐵路——中央太平洋鐵路。在這裡，上萬個華工用中國人特有的吃苦耐勞與質樸的品德承擔了九〇%的工程總量，在修建唐納隧道時，華工用手中的鎬、鍬、錘和撬棍奮戰了九個月。這條被英國廣播公司評為自工業革命以來世界七大工業奇蹟之一的鐵路完工時，連鐵路公司的董事克羅克都在演講中說：「這條鐵路之所以能及時完工，在很大程度上要歸功於那些貧窮而受鄙視的中國人——歸功於他們所表現的忠誠和勤奮。」

就這樣，截至一八八二年，至少有三十萬個華工進入美國，這些華工為美國經濟的繁榮做出了巨大貢獻。但是隨著太平洋鐵路的完工，加上美國遇到經濟危機，勞動力開始過剩，大量勞工失業。吃苦耐勞的華人成為替罪羊，遭受種族主義者和歐洲移民的共同打擊。美國人和歐洲白人移民抱怨華工搶走了他們的飯碗，由此引發白人勞工對華人的仇視，美國各地特別是西部出現了排華浪潮，一八五二年加州政府通過「外國礦工執照稅法」，高額盤剝華工；一八五四年，加州最高法院宣布華人不准在法庭作證；一八七〇年十二月，舊金山市議會通過《街邊挑擔法規》，不准市民在人行道上肩挑竹籃走動，違者罰款五元；一八七六年舊金山又針對華工通過了《洗衣館法規》，規定不用馬車送貨者每季要繳稅十五元。一八八二年美國制定了《排華法案》[注]，對華工進行排斥和迫害，這也是美國歷史上唯一針對某一族裔移民的排斥法案。排華浪潮一波接著一波，共和黨和民主黨為了爭取白人選票，都將排華納入自己的競選綱領。一九〇二年再度立法延長所有排華法案十年，一九〇四年美國國會議決，排華法案永遠有效。

排華法案給在美華人帶來了巨大災難，針對華人的暴力事件頻頻發生。一八八五年懷俄明州發生了「石泉城慘案」，致使二十多個華人遇害，多人受傷，華工房屋被焚、財物被掠，令人觸目驚心。移民局的小木屋更成為華人的恐怖傳說：木屋在舊金山海邊，粗木製造，環境惡劣，臭氣沖天；口渴了喝冷水，肚子餓了只能吃黑麵包，而且還吃不飽；失去行動自由，不能出來一步，據傳還曾經有華工婦女被關到精神失常。

梁啟超在一九〇三年為增加見聞訪問美國，他觀察了華工的生存狀況，在第二年出版的《新大陸遊記》中，向國人詳細介紹了中國人受到排斥的悲慘狀況，此外還介紹了夏威夷的記者陳儀侃提出的抵制美貨的構想。

一九〇四年底，清政府簽訂的《中美會訂限制來美華工保護寓美華人條款》不平等條約期滿，在美華人與國內民眾都強烈要求廢除該條約，在輿論的壓力下，清政府向美國政府提出改約要求，但美國政府卻無理要求續約。國人的義憤達到了頂點，終於在一九〇五年徹底爆發了。

五月，廣州的商人們整理了美國產品的商標，呼籲國人抵制美國。廣東籍的歸僑馮夏威反對簽訂新約，據理力爭，在上海美國大使館前壯烈自殺，隨後廣東各地舉行追悼集會，抵制運動迅速擴大。上海和天津也加入進來，上海的商人團體達成一致不購買美國商品。上海總商會召開會議，決議抵制美貨，提出抵制美貨的五個方法：（一）不買美國商品，不乘坐美國船隻；（二）拒絕為美船裝貨；（三）不入美國學堂；（四）不為美國人開設的洋行當買辦和翻譯；（五）不給美國人當傭工。此外，上海商會還呼籲國內其他二十二個通商口岸城市的商會，一起加入抵制美貨運動。倡議一出，很快就得到了廣泛回應。抵制的地區，包括全國南北二十多個大都市，參與者包括工、商、學生、婦女，在事實上形成了全方位的抵制美貨行動。

中國國內的抵制也得到了海外華人的熱烈回應。庇能（馬來西亞檳城）、吉隆坡、曼谷、仰光、堤岸、加爾各答、孟買、南非等地華人紛紛致電支持，新加坡、海防市、雪蘭莪、舊金山、雪梨等地的華僑匯款支持國內的行動。孫中山透過夏威夷的《大同日報》，宣傳抵制美貨運動的思想。這場由民間發起的對美貿易戰，進行得轟轟烈烈。

中國的這次抵制美貨運動，讓美國人和世界看到了不一樣的中國。駐華公使柔克義致電美國總統羅斯福，請其重新評估在中國發生的抵制美貨運動，他認為這反映出中國「正在崛起一種新的民族主義精神」。在華有重要商業利益的哈里曼、洛克菲勒、摩根等大財團也開始遊說羅斯福，希望其運用總統的行政權力改善入美華人的待遇。

在對待中國人的態度上，狄奧多・羅斯福有嚴重的種族主義傾向，他堅持認為中國人是一個落後的民族，對中國人「無法無天的行為應該進行懲治」。就在這時，廣東發生了五名傳教士被殺的惡性事件，美艦以此為藉口駛入廣州，準備武力解決，幸好最後關頭生還的傳教士家屬出來證明，承認該事件與「抵制美貨運動」無關。但是經此一事，晚清政府認為民間的行動有些失控了，於是開始強力干預，這場持續了一年多轟轟烈烈的抵制美貨運動慢慢淡去。

從經濟角度來看，抵制美貨運動期間，美國對中國的貿易量減少了四〇％，中國的工業生產量獲得了一定的提高。但是當時美國對華貿易只佔其對外貿易總額的二％，對華投資只佔其全部對外投資的三％，因此客觀地說，抵制美貨運動沒有給美國的商業利益造成重大影響。

從政治角度來看，抵制行動的蔓延與持續給美國和各國列強帶來了較大震撼，美國雖然沒有廢除排華法案，但是也採取了一些措施來舒緩中國人的反美情緒。美國決定不再要求續訂《中美會訂限制來美華工保護寓美華人條款》，美國移民局不再進行新的華人驅逐計畫，羅斯福下令美國移民局糾正在執行排華法律過程中的濫用職權行為，切實保護來美中國學生、商人、遊客的合法權利。此外，羅斯福政府還決定退還庚子賠款餘額給中國，努力緩和兩國關係，以避免中國人的仇外情緒繼續滋長。

作為貿易戰的一種手段，抵制外國貨並非只在中國發生過。歷史上，美國政府曾經號召民眾抵制英國貨、德國貨、俄國貨、日本貨、中國貨；亞洲金融危機時，韓國曾經發生大規模的「抵制日貨」運動，學生甚至掰斷日本鉛筆以示愛護國貨……在貿易全球化的背景下，國與國之間的摩擦不可避免，經濟民族主義和貿易保護主義也會趁機露頭，因此各個國家抵制外國貨的情緒和行為也很難真正絕跡。

注：正式名稱為《關於執行有關華人條約諸規定的法律》。主要內容為絕對禁止華工入境十年，其他居美華人如果沒有適當的證件，一律驅逐出境，今後各地均不得准許華人加入美國國籍。

一第四章一

民國白銀危機（一九三三～一九三五）

南京國民政府成立後，開始逐漸完善金融建設，但此時中國仍然維持銀本位制，而隨著中國經濟越來越融入世界經濟體系中，銀價波動對中國經濟的影響越來越強烈。一九二九年，西方世界爆發了經濟危機，為了轉嫁危機，美國制定了白銀法案，人為抬高銀價，致使中國白銀大量外流，國內發生通貨緊縮，經濟已經到了崩潰的邊緣。無奈之下，一九三五年南京國民政府開始推行法幣改革，徹底結束了白銀作為中國通貨的歷史。

「黃金十年」

前文說過，中國是一個傳統的銀本位國家，即使在清朝滅亡後，中國仍舊以白銀為本位貨幣。辛亥革命後，民國政府於一九一四年公布《國幣條例》，規定銀元為中國的貨幣單位，但事實上民間是銀元和銀兩並用，此外在一些地區，銅幣和一些紙幣也在流通。這個時期幣制極其混亂，既阻礙了商品交換和貿易發展，也為軍閥割據提供了便利的條件。到了二十世紀三〇年代，國民黨政府試圖結束這種混亂的狀態，統一貨幣。

一九三三年三月八日，南京國民政府公布的《銀本位幣鑄造條例》規定，銀本位幣定名為「元」；同年四月，國民政府實行「廢兩改元」，發行全國統一的銀元，訓令中說：「自四月六日起，所有公私款項之收付及一切交易，須一律改用銀幣不得再用銀兩。」新銀元按照舊銀元的成色來鑄造，每塊含銀八八%，含銅一二%，每元兌銀七錢一分五釐。由此，沿襲了數百年的銀兩制退出歷史舞台，使得之前的通貨種類大大簡化，規格、重量、成色統一的新銀元成為流通的主要貨幣。客觀地說，這次「廢兩改元」完成了對幣制的有效簡化。

當時，中國還處在「黃金十年」[注]，經濟增長迅速，中國工業雛形初現，工業投資額迅速增加：「自民國十六年以來，七八年之內國人投資一種新工業資本超過百萬元者，幾如鳳毛麟角，而二十四年以後，則百萬元之工廠，乃至千萬元之工廠，均甚多。如中央機器廠、中國酒精廠、永利公司錏廠，以及最近籌備之各工廠，資本即以千萬元計。」

不僅經濟繁榮發展，社會文化也在迅速發展，一些以後影響力巨大的大師級人物如魯迅、胡適、錢鐘書、華羅庚也在這個時期嶄露頭角。一九三五年，一個美國來華國情觀察小組在報告中寫道：「中國在所有領域裡，都在發生巨大的變化。與十年前甚至是五年前完全不同，現代化將給中國帶來長達幾個世紀的深遠影響。」

表面上看，形勢一片大好，但是「黃金十年」也危機暗湧。首先，對國家發展至關重要的鋼鐵製造業、機械製造業並沒有大發展，國民政府主要依靠國外大量進口，而在這個過程中，中間經手人大發其財；其次，中國的現代工業主要還是掌握在外國資本手中，其中日資佔有很大比重；再次，「黃金十年」國民黨政府熱衷於工業化、城市化，導致金融資本進入鄉土社會推行產業化規模經濟，實物地租轉化為貨幣地租，傳統中國糧食收穫後按照收成交租，而這個現代化時期地主要求春種前就要交現錢，農民生產生活的貨幣化壓力增大，在事實上摧垮了當時的鄉土社會，導致農民大量破產；最後，二十世紀二、三〇年代，西方資本主義世界陷入了嚴重的金融危機和經濟蕭條中，中國如何能獨善其身？

一九三四年下半年，還沉浸在經濟快速發展美夢中的國民政府突然發現自己陷入了一場生死攸關的金融危機：白銀大量流出，先是銀行、錢莊、工商企業大規模倒閉，各行業迅速走入蕭條，最糟糕的是農村經濟，可謂全面破敗：「魯東向稱富庶之區，地價每畝百元者，刻已低落至四五十元；魯西、魯南貧瘠之區，向之每畝五十元者，刻竟落至二十元或十元尚無人過問，農民破產之普通、痛苦之深刻，實為近古以來所未有。」

導致這場危機的最直接因素不是來自國內，而是來自國外，將中國推入嚴重金融危機中的正是美國的《白銀收購法案》。

注：又稱南京十年、十年建設，是學界一種比較流行的表達，指的是一九二七—一九三七年間建都於南京由國民黨領導的國民政府執政時期，這十年內，工業產值年平均增長九%，是同期日本的三倍。這個時期，中華民國在政治、經濟、基礎建設、文化、教育、社會政策、邊疆民族政策、外交以及軍政建設各方面，均有新的取向和建樹。但同一時期，中國農村卻處於嚴重的危機中，農民終年不得溫飽，處於赤貧狀態，死亡率甚至超過了印度。

白銀風潮

風起於青蘋之末，浪成於微瀾之間。

一九一八年「一戰」結束後到一九二八年是美國的黃金發展期，美國靠著歐洲的重建發了一筆戰爭橫財，普通美國人生活幸福，衣食無憂，還大量購進如電烤爐和洗衣機等新奇的電器，富豪們紙醉金迷、夜夜笙歌，美國的國力空前膨脹。但是隨著歐洲有效需求下降，美國經濟開始走向泡沫：金融資本主義出現，一些少數持股者掌控了眾多公司；信用膨脹，銀行業對證券市場的信用擴張和證券市場的保證金制度造成了過度信用交易；金融泡沫氾濫，存在大量資質參差不齊的「信託投資公司」，此類公司後來吞噬了美國人的大量儲蓄……危機的不斷累積終於引爆了炸彈，一九二九年十月二十八日，美國股市崩盤，正式揭開了美國金融危機的序幕。

更糟糕的是，金融危機爆發後，以美國為首的金本位貨幣制度注導致了危機迅速向世界其他國家蔓延。

彼時，中國雖然因為銀本位（對外貿易使用白銀結算）而獨立在危機之外，但是隱患也不小。因為中國每年的銀產量並不高，一旦國際銀價浮動過於劇烈，使用銀元作為主幣的中國貨幣體系必然會受到世界銀價漲跌的影響，進而影響整體經濟運行。

一九二九年的大蕭條導致白銀價格急劇下降，由一九二八年的每盎司五八美分下降到一九三〇年的三八美分，而到了一九三二年下半年，更是下降到了二五美分。一九三三年，英國簽署了《倫敦白銀協定》，英國脫離金本位。為了轉嫁危機和繼續掌控世界金融，美國在一九三四年六月通過了《白銀收購法案》，這個法案主要涉及國際市場以美元計算的白銀價格，國際白銀價格被迅速炒高。國際銀價的異常上漲給中國經濟和幣制改革造成了極大衝擊，中國貨幣對美元的匯價驟然上升，每盎司白銀幾乎可以換回三倍的美元購買力。中國民眾的直接感受是，外國進口的商品一下子便宜了很多，而中國出口的各類商品競爭力卻大大降低，白銀成為唯一可出口的高利潤商品。暴漲的銀價讓國內外的投機商和冒險家迅速行動，他們用輪船甚至兵艦裝運白銀出口，僅一九三四年就達二・五六億元。其中八月最嚴重，運輸出口的白銀高達七千九百餘萬元，僅八月二十一日這一天，滙豐銀行就交由英國輪船從上海運出白銀一千五百萬元。國民黨政府看到了問題的嚴重性，開徵白銀出口稅和平衡稅，還採用嚴刑峻法杜絕白銀走私，但是這些措施都收效甚微。從一九三四年四月至一九三五年十一月，中國的白銀儲備（銀元），一下子從六・〇二億萬元降到了二・八八億萬元，這是一個驚人的數字！

作為銀本位國家，白銀的大量外流自然造成了嚴重後果。首先是各大城市人心不穩，相繼出現白銀擠兌風潮，銀行銀根收緊，不再放貸，一些銀行甚至不得不宣布停業；其次，美國商品藉機在中國大量傾銷，造成中國貿易嚴重入超；最後，白銀大量外流造成中國通貨緊縮，物價不斷下跌，很多工商企業無法正常生產經營，因而迅速倒閉，工人失業，商業蕭條，國民經濟完全脫軌了。

我們可以看出，美國的《白銀收購法案》本質目的就是刺激銀本位國家的購買力，以便傾銷剩餘產品，舒緩本國的經濟危機。因此接下來發生的事情也就不奇怪了：一九三四年九月二十二日，中國駐美公使施肇基照會美國國務院，表示「近來……白銀巨量流出，令人震驚……故願得一言保證，即美國政府不取可使中國白銀再有流出之行動，並與中國合作……阻止銀價高漲。」財政部長孔祥熙也直接向羅斯福總統喊話，希望美國在購入大數額的白銀時提前告知中國，以便中國能夠做出反應。但是，羅斯福拒絕了中國的這些合理請求。

在國內，國民政府為了阻止白銀外流，不斷推出新政策，卻始終不能解決白銀問題。萬般無奈之下，一九三五年國民政府開始推行法幣改革，以此挽救處於崩潰邊緣的中國經濟，而白銀作為中國通貨的歷史就這樣結束了。

注：兩次世界大戰之間，世界上有六十個國家採用金本位，以實現國際上穩定的匯率，方便國際貿易和金融交易，中國和墨西哥仍然在實行銀本位。

法幣改革

美國《白銀收購法案》制定，對中國發起了一場沒有硝煙的貿易戰，使中國經濟迅速惡化，當時的一些金融界人士甚至預測，如果這種情況持續下去，中國的經濟可能在數月之內全面崩潰。到了這個時候，除了改革幣制進行反擊，中國已經無路可走。

中國在一個不是很合適的時間被迫進行了一次匆忙的幣制改革，時任國民政府財政部長的孔祥熙就曾經說過：「因匯兌上落不定，商業大受影響，政府至是乃不得不採取幣制上根本之改革。」

一九三四年十一月，國民政府開始籌劃幣制改革，放棄以白銀作為貨幣，發行紙鈔（法幣）。貨幣改革方案的核心思想就是白銀國有、集中發行，並建立匯兌本位制。短短一年後，也就是一九三五年十一月三日，國民政府發布了《施行法幣布告》，宣布實施貨幣改革。貨幣改革令規定，完糧納稅及一切公私款項的收付只能使用法幣，不能使用銀幣；收攏貨幣發行權，規定以中央銀行、中國銀行、交通銀行、中國農民銀行四行的鈔票為法幣，其他銀行發行的鈔票限期兌換中央銀行鈔票；強制將全國白銀收歸國有，規定銀錢行號商店及其他公私機關個人，均不得保留銀幣和金銀。

這次幣制改革，國民政府需要解決兩個難題：

第一，白銀國有，促使民營銀行及民眾上交白銀。

十一月十五日，財政部公布了《兌換法幣辦法》，要求銀錢行號、商店、公私團體及個人持有的銀幣或銀塊，都要在三個月內兌換成法幣。但政府接收民營銀行白銀時並不支付溢價，而同時期國際銀價比國內高出三分之二。這樣的兌換方案是沒有什麼吸引力的，為了鼓勵民營銀行上交白銀，國民政府又給出了一項優惠政策——在支付紙幣時，各銀行只需要繳存相當於紙幣價值六〇%的白銀，另外四〇%由銀行使用政府公債、股票和公司債券來補償，這樣就提高了民營銀行的積極性。到一九三六年年中，國民政府大約從個人和銀行集得了價值三億美元的白銀，僅民營銀行就貢獻了二・二五億元。國民黨政府將這些白銀運往英美換取外匯，作為法幣的準備金，穩定了法幣價值，並增強了它在國際金融市場上的活動能量。

第二，避開列強的算計，獲得資金支持與政策支持。

幣制改革需要解決的一個重要問題就是獲得其他大國的支持，如果在華外國銀行拒絕使用法幣，繼續以白銀支付，不願將庫存白銀交由政府收購，法幣將面臨嚴重的信用危機，因此一場博奕開始了。

國民政府最開始選擇向英國求助，曾經向其請求貸款二千萬英鎊。但是英國雖然對中國的幣制改革持歡迎態度，並幫助國民政府在倫敦市場上銷售白銀來籌集外匯，但卻顧慮日本的態度拒絕貸款給中國，甚至還提出，要獲得這筆貸款，中國必須先承認偽滿洲國。

日本明確反對南京國民政府的法幣改革，日本駐華銀行皆拒絕交出白銀，還積極走私白銀，並多次突擊套匯，試圖迫使國民政府選擇將法幣與日元掛鉤。

美國願意支持法幣改革，要求是中國外匯儲備存於美國銀行，改革由美國顧問指導，新貨幣必須與美元掛鉤。經過激烈的討價還價，中美雙方於五月中旬達成《中美白銀協定》。主要內容包括：美國從中國購銀七千五百萬盎司，價格根據當時的市場確定，可以以黃金或美元支付；中方的售銀所得必須存放在紐約的美國銀行；以中國存在紐約的五千萬盎司的白銀做抵押，美國聯邦儲備銀行向中國提供二千萬美元的外匯基金。就這樣，中國加入了美元集團，而美國實現了其控制中國金融市場的目的。

法幣改革雖然不夠完善，但在當時確實發揮了重振經濟的目的，幾個月的時間就出現了幾十年來未曾有過的貿易順差。此外在幣制改革時，國民政府進行了變相的貨幣貶值（銀幣一元兌換法幣一元，實際兌換時是用白銀六〇％、票據四〇％兌換），貨幣流通量大大增加了。物價回升，刺激了工商業發展，經濟再現繁榮景象。

諷刺的是，美國耗資十五億美元發起的這場貿易戰，是一場真正的「雙輸」——在中國引發了一場巨大的金融危機，並產生了後患[注]；作為發起者的美國政府，也沒有從中得到多少好處，最後真正的贏家是日本人注。貿易戰很多時候就是這樣，各國的經濟金融聯繫日漸緊密，牽一髮而動全身，兩個國家的經濟貿易博奕，產生的後果很可能是鬥者雙輸，漁翁得利。

注一：指一九三七－一九四五年的法幣惡性通貨膨脹。因為中國是在國內白銀大量外流、通貨緊縮加劇和生產下降等諸多因素擠壓之下，被迫放棄銀本位，實行法幣，徹底改革了中國的貨幣制度，導致了法幣的先天不足，致使中國日後踏上了惡性通貨膨脹之路。美國著名經濟學家米爾頓．傅利曼就對此評論說：「如果不是美國抬高銀價，中國將可能在晚些時候放棄銀本位，比實際發生的情況晚上好幾年，等到政治和經濟狀況都比較好的時候再進行貨幣改革。」

注二：日本透過走私和劫掠中國的白銀並在倫敦等地出售而增強了國力，進一步提高了自身的軍事實力。

一第五章一

香料貿易與大航海時代

香料貿易在人類貿易史上一直佔有重要地位，尤其是中世紀的歐洲，香料幾乎成為與黃金等價的財富，對香料的渴望甚至直接催生了地理大發現。十五世紀前，威尼斯牢牢掌控著香料貿易，商人從埃及人那裡買下來自印尼、中國、斯里蘭卡和印度的香料，然後轉賣到歐洲其他各國，從中年取暴利。到了十六世紀，葡萄牙統治了東印度的香料貿易，十七世紀的荷蘭又取代葡萄牙掌控了香料貿易……走馬燈似的霸主輪換背後，隱藏著葡、西、英、荷等西歐諸國對於貿易權及殖民地的明爭暗鬥。

香料之路

香料的英文是「Spice」，來自拉丁語中的「Species」，用以形容昂貴而稀少的物品。沒錯，在中世紀的歐洲，香料就是高貴的奢侈品。它包含薑和辣椒之類的作料，還有丁香、肉桂、胡椒、茴香、肉豆蔻，以及芬芳的甘松香，可以去腥的檀香、龍涎香、樟腦和苦艾。在《聖經》「雅歌」中，所羅門王也藉由香料稱頌美麗的少女新娘：「我的愛人，我的新娘，你是關鎖的園，禁閉的井，封閉的泉源。你園內所種的結了石榴，有佳美的果子，還有鳳仙花與哪噠樹。有哪噠和番紅花，菖蒲和桂樹，還有各樣乳香木、沒藥、沉香，與一切上等的果品。」

在古代歐洲，香料的用途非常廣泛，不僅可以用於巫術儀式、咒語、淨化、防腐、化妝、香水、治療，甚至春藥和毒藥，還用來烹飪、食物貯存和調味。最常用的肉桂就是一種敬神祭祀儀式上的主要香料，同時也是一種感官奢侈品。人們甚至相信，香料是介於今生與來世、天堂與凡塵之間的東西。在這樣的觀念加持下，香料不僅是製作食物的必需品，還是地位和榮耀的象徵，當時香料的昂貴程度可能會讓你大吃一驚：一斤番紅花的價格能夠買到一匹馬，一斤生薑抵得上一隻羊，二斤肉豆蔻就能換來一頭牛。當時，人們在談到一個卑微的小人物時，會輕蔑地說「他連胡椒都沒有」。香料的稀有以及能夠帶來的巨大利潤，令西班牙、葡萄牙、英國、義大利等歐洲國家紛紛捲入到了海上香料貿易的爭奪中。

阿拉伯人最早發現了香料的價值，這些香料不僅象徵東方的奢華和文明，而且還是一種適合長距離運輸、具有高價值的交易品。十二世紀左右，阿拉伯人將香料以高價賣向歐洲，在整個運輸香料的路線中，阿拉伯人控制了當時唯一的水上和陸地的聯運地段，並徵收高達商品價值三五％的關稅。為了保持對香料的壟斷地位，阿拉伯人甚至編造了各種說法，來掩蓋香料的真實來源。比如當時就有一種說法：肉桂生長在猛禽的巢穴裡，很難見到，只有當巢穴掉下來，人們才能採集到。

從香料中獲利的不僅是阿拉伯人，作為中世紀第一個單純以貿易為生的歐洲城市，威尼斯憑藉亞得里亞海的地理優勢，擊敗同樣野心勃勃的熱那亞人，在君士坦丁堡[注]還沒有陷落之前，透過買通埃及統治者，與阿拉伯世界達成了貿易協定，香料的價格人為地更加昂貴。資料顯示，當時西歐與南亞之間的香料價格相差達二十倍之多。穆斯林商人從陸路沿舊絲綢之路，或者從水路經過印度洋和紅海，運載香料到開羅或者君士坦丁堡。從這些城市，威尼斯商人將香料運往歐洲其他地區。就這樣，威尼斯霸佔了地中海到亞歷山大港之間的航道，做起了中間商，成功壟斷了歐洲的香料貿易三百年之久。在此期間，歐洲對香料的需求量越來越大，香料價格跟著水漲船高，威尼斯人更是大發橫財。

從古至今，
從未停止過的貿易戰爭！

香料的暴利讓人難以抗拒，對香料的渴求讓宗教狂熱者變得世俗和功利，於是圍繞著香料貿易，我們看到了鉤心鬥角，看到了明爭暗鬥，也看到了流血犧牲。

注：土耳其最大城市伊斯坦堡的舊名。

財富之城

在歷史課本上我們學到，十字軍東征是一次宗教性軍事行動，是由西歐的封建領主和騎士以收復阿拉伯穆斯林入侵佔領土地的名義，對地中海東岸國家發動的戰爭。從一〇九六年至一二九一年，持續了近兩個世紀之久。十字軍東征真的是由宗教狂熱驅動的嗎？無利不起早，至少我們知道作為純粹的商業共和國的威尼斯，不會只是因為信仰而參與東征行動。威尼斯一手策劃的財富之城君士坦丁堡的陷落，就證明了這一點。

在第四次十字軍東征中，十字軍攻陷了對基督教有狂熱信仰的君士坦丁堡，他們還在君士坦丁堡大肆劫掠，並在君士坦丁堡建立了拉丁帝國。雖然一二六一年拜占庭帝國重新奪回了君士坦丁堡，但拜占庭帝國已經難以恢復到一二〇四年以前的輝煌了，從此之後便一蹶不振，直到一四五三年被鄂圖曼帝國滅掉。十字軍為何會背離原本的目標耶路撒冷，轉而對自己的教友伸出了屠刀呢？

事情還要從威尼斯說起。威尼斯曾經從屬於拜占庭帝國，但是後來逐漸脫離了拜占庭的控制，甚至還在地中海東岸與拜占庭展開商業競爭。作為東西方陸路貿易的要塞，君士坦丁堡的地位是不可動搖的，特別是在香料貿易中，於是威尼斯迫切希望擺脫君士坦丁堡的鉗制，擴大自己的利益。

第三次十字軍東征結束後不久，羅馬教皇就號召組織十字軍展開第四次行動。這次十字軍的人數達到了三萬多人，要把這麼大一批人運到中東，船隊和補給都是問題，在當時只有威尼斯有實力做到。威尼斯的盲眼總督恩里科・丹多洛從中敏銳地發現了可攫取的巨大利益，於是威尼斯傾舉國之力支持了這次行動。

為十字軍造船以及運輸，威尼斯開出了八・五萬銀馬克的價格，折合二十三噸白銀。這是一個天文數字，十字軍無奈之下同意了威尼斯的要求，而且雙方簽訂了《威尼斯條約》，但是沒有人注意到，精明的威尼斯人並沒有在條約上寫明運兵的目的地。

一二〇二年，一部分十字軍抵達了威尼斯，但是並沒有帶來足夠的費用。在這種情況下，威尼斯給出了一個建議——十字軍可以用替威尼斯打仗的方式支付不足的欠款。這支十字軍最初被引導參與的戰役，是達爾馬提亞的扎達爾城，因為這座城市投向了匈牙利的懷抱，威脅到威尼斯的香料貿易。攻擊基督徒顯然有悖十字軍東征的「朝聖之旅」，但為了讓威尼斯人最終把他們運向目的地，騎士們還是同意了其要求，征服並洗劫了這座城市。

威尼斯不費吹灰之力，借他人之手便解決了一個競爭對手，但這只是一次小小的試探而已，接下來，威尼斯人提出了他們真正的要求——進軍君士坦丁堡，希望藉此重奪愛琴海與黑海的貿易版圖。

君士坦丁堡是歐洲大陸上最富裕的城市，而且扼守黑海與地中海之間的狹窄水道，控制了這座城市，就控制了黑海到地中海的海洋貿易。自建成以來，君士坦丁堡這座財富之城曾經抵禦了保加爾人、瓦良格人、阿拉伯人、突厥人、威尼斯人的進攻，從來沒有陷落過。然而這一次，君士坦丁堡接連陷落兩次。十字軍在城裡大肆搜刮了三天，湊齊了威尼斯的欠款之外，還發了一筆大財；威尼斯也達成了自己的目的——控制了黑海與地中海的通道，獨霸了這條貿易路線。

諷刺的是，羅馬教皇在十字軍洗劫基督教城市薩伊時，曾經憤怒地宣布革除十字軍的教籍，當十字軍佔領了大名鼎鼎的財富之城君士坦丁堡時，教皇卻欣喜地寫信給十字軍，要求他們守住君士坦丁堡，等待教皇派人去搶奪勝利果實，全然不顧君士坦丁堡也是基督教世界的重要一員。

現在再回到我們開頭的那個問題：十字軍東征真的是由宗教狂熱驅動的嗎？事實上，一〇九五年十一月，教皇烏爾巴諾二世[注]在號召發動十字軍東征時所發表的著名演講「以父之名」中就已經說清楚了：「東方是那麼的富有，金子、香料、胡椒俯身可拾，我們為什麼還要在這裡坐以待斃呢？」

注：烏爾巴諾二世（一〇四二—一〇九九年），羅馬教皇（一〇八八—一〇九九年在位），中世紀四大拉

丁神父之一。他出身於一個法國貴族家庭，受過良好的教育，具有敏銳的政治嗅覺，在神聖羅馬帝國皇帝的重壓下，另闢戰場，發起十字軍東征，重振了教皇的權威。

敗也壟斷

十三世紀上半葉，威尼斯憑藉十字軍的幫助，一度壟斷了亞歐貿易，但是好景不長，威尼斯作為壟斷者付出了高昂的代價，陷入與熱那亞的百年戰爭，並最終因為壟斷而步入衰落。

威尼斯透過奪取關鍵港口，不斷擴張自己的勢力範圍，在之後的半個世紀中，佔據了地中海東部幾乎所有賺錢的貿易路線。從表面上看，熱那亞和比薩似乎已經在競爭中落敗了，但事實並非如此。

一二五〇年，在阿卡港，威尼斯人與熱那亞人發生了一次衝突，這場衝突最後演變成了一場戰爭，由此拉開了百年戰爭的序幕。這些斷斷續續的戰爭，耗盡了威尼斯的心力，導致威尼斯不但失去了對君士坦丁堡的控制權，還失去了獨霸黑海與地中海貿易路線的能力。最後，這個商業共和國幾乎停止了一切貿易，原本龐大的艦隊所剩無幾，曾經累積的巨大財富煙消雲散。

當然，導致威尼斯甚至地中海地區衰落的原因並非只是戰爭，還有一個重要因素就是新航路的開闢。

就在威尼斯逐漸走向衰落時，新興的商業帝國如葡萄牙、西班牙卻開始了探索通往東方新航線的大探險。為了打破威尼斯的壟斷，他們致力於尋找一條繞過地中海的新航路，一場轟轟烈烈的大航海運動因此拉開帷幕。原本平靜的舊世界秩序被徹底打破，世界也從此發生了翻天覆地的巨變。

首先行動的是西班牙。從一四九二年到一五〇二年，哥倫布在西班牙國王的支持下帶船隊去尋找香料，他們橫跨大西洋，但前後四次遠洋都沒有找到他想要的香料，因為哥倫布發現的「印度」其實是美洲。

葡萄牙也緊隨其後開始了自己的大航海，他們的運氣要比哥倫布好得多。一四八八年，葡萄牙船隊繞過非洲最南端的好望角；一四九八年五月，經過二萬多海里的航行，葡萄牙航海家達伽馬率領的船隊繞過好望角，終於抵達印度的科澤科德港。等到達伽馬返航時，他的船隊滿載了一千七百噸胡椒，四百噸桂皮、乾丁香和肉豆蔻，這些貨物的價值相當於整個遠征隊費用的六十倍。由此，歐洲發現了一條前所未有的香料之路。東方商品到達歐洲可以不再經過西亞、北非地區和地中海，鄂圖曼帝國（包括威尼斯在內的城邦）對東西方貿易路線的壟斷也結束了。

印度並不是葡萄牙人的終點，他們仍然在追逐更高級的香料——丁香和豆蔻，並且試圖控制麻六甲。葡萄牙人皮雷斯說過一句著名的話：「控制了麻六甲，就扼住了威尼斯的咽喉。」一五一一年，麻六甲被葡萄牙攻佔了。至此，海洋上的香料之路終於完全落入葡萄牙人之手。從一四九八年葡萄牙發現新航路開始，威尼斯的香料貿易就迅速衰落，歐洲人每年消費的胡椒暴增了三倍多，而威尼斯的香料貿易卻在十三年之間暴跌了七五％。

失去了壟斷的暴利資源，威尼斯人無比恐懼和焦慮。作為一個成熟的商業共和國，威尼斯具有高超的商業智慧，儘管處於不利地位，但是一直冷靜應對，一方面盡力維護自己原本的商路，另一方面耐心地等待葡萄牙人出錯。得意忘形的葡萄牙果然因為盲目進貨和胡亂漲價自亂陣腳，威尼斯趁機收復了部分失地。但是這種短暫的「復辟」註定要被歷史大潮所碾壓，人航海時代的開啟使得香料貿易不再神秘，實力強大者紛紛參與香料貿易的搶奪——在十六世紀，葡萄牙統治了東印度的香料貿易，十七世紀的霸主是荷蘭，到了十八世紀則是英國。

值得一提的是，大航海時代的開啟，也是香料貿易走向衰落的開始。俗話說，物以稀為貴，當一樣商品資源稀少、成本高昂時，不但可以售出高價，還能引起巨大需求；當這種商品稀有性下降，資源豐富、成本也降低後，就會淪為尋常之物。曾經貴比黃金的香料也逃不過這個定律，新航路開闢後，香料的神秘性已經消失了，辣椒、咖啡和茶逐漸取代了胡椒等香料的稀有地位，香料徹底失寵了。

第六章

「海上馬車夫」的崛起與衰落

地中海之所以成為第一個世界經濟中心，一個重要的因素就在於地中海沿岸國家率先利用海上貿易發展經濟，使該地區在經濟發展上領先於世界其他地區。海上貿易從它開始的第一天起，就伴隨著利益的分割與爭奪，除了真刀實槍的戰爭以外，還有關稅、補貼、市場競爭等多種貿易戰。葡萄牙與西班牙最早依靠海上貿易暴富，隨後又衰落了；接下來就是「荷蘭的世紀」；一個世紀的榮光後，新興的英國踩著荷蘭的肩膀，踏上了新的征程。

貿易帝國

古希臘、羅馬時期便有了國際貿易，在此之後，中亞曾經長期作為世界貿易中心存在，但是只有到了大航海時代，國際貿易的重要性、密度和豐富性才真正得到提升。

當我們說起近代國際貿易，便不能不提到一個國家——荷蘭。十七世紀是屬於荷蘭的世紀，那時荷蘭是世界上最強大的海上霸主，幾乎壟斷了世界上絕大部分的海上貿易，還因此被稱為「海上馬車夫」；荷蘭人創造的現代金融體系和經濟制度，極大地影響世界經濟的發展；荷蘭人的造船業遙遙領先於包括英國在內的歐洲各國……

不得不說荷蘭的崛起其實佔盡了天時地利人和，是綜合因素共同作用的結果。在十七世紀之前，荷蘭還只是西班牙屬地尼德蘭[注]的一部分，這塊富饒肥沃的土地為當時西班牙王國提供了一半稅收，被稱為「王冠上的珍珠」。十六世紀，以信奉喀爾文主義為象徵的思想解放運動席捲整個尼德蘭大地。經過長達八十年的戰爭，尼德蘭北部七省聯盟，荷蘭共和國就此成立。在我們看來，如果荷蘭不是處於地中海商業要道上，它很難聚攏如此多的遠洋貿易和內陸貿易；如果不是有「追求財富」這樣的商業文化與「敢於賭命」的冒險家精神，荷蘭很難形成遠洋貿易；當然還有運氣——如果沒有正好碰上英國與西班牙的兩強爭霸，荷蘭也很難坐收漁翁之利。

十七世紀是一個強者為王的時代，世界性的貿易圈正在形成，誰壟斷了海上貿易，誰就壟斷了世界貿易，而這個歷史機會就落到了荷蘭的頭上。

雖然是一個新興國家，但是荷蘭有發達的造船技術，能造各種規模和樣式的船隻。同時，荷蘭還掌握相當數量的貴金屬，這就為荷蘭的貿易活動提供了有利的條件，再加上荷蘭人本身就有遠洋航海的傳統，在有利的國際環境下，一個貿易大國就此出現。成千上萬的荷蘭商船航行在世界的海洋上，充當各地貿易的仲介人並承擔商品的轉運業務。從事這種轉口貿易，使荷蘭取得了海上貿易的霸權。當時，歐洲南方和北方國家之間的貿易、歐洲與東方之間的貿易幾乎全部掌握在荷蘭人的手中。荷蘭的船隻把瑞典的鐵、波羅的海沿岸地區的糧食和黃麻運往法國和伊比利半島各港口，然後又裝載酒和香料返程。由於歐洲國家市場價格相差很大，這種轉口貿易給荷蘭帶來了巨額利潤，阿姆斯特丹成為當時的世界商業中心、金融中心和重要港口。這個貿易帝國究竟龐大到什麼地步呢？當時有人說：「荷蘭人從各國採蜜……挪威是他們的森林，萊茵河兩岸是他們的葡萄園，愛爾蘭是他們的牧場，普魯士和波蘭是他們的穀倉，印度和阿拉伯是他們的果園。」

波羅的海貿易盡被荷蘭人掌握，殖民地產品與食鹽、葡萄酒一起成為荷蘭向該地區轉運的最主要商品。他們開闢了從北海繞過丹麥最北端、穿過松德海峽進入波羅的海的航路。最終，荷蘭人成功地排擠了漢薩同盟的貿易勢力，取而代之。荷蘭人以鯡魚貿易帶動鹽的貿易，並以此為基礎推動了整個波羅的海的貿易。波蘭的糧食、芬蘭的木材、瑞典的金屬都是荷蘭人的主要貿易對象，其中尤以穀物為重。穀物貿易吸收了荷蘭流動資金的六〇%，佔用船隻達到每年八百艘之多。阿姆斯特丹也一躍成為歐洲最大的小麥集散港，享有「歐洲糧倉」的美譽。僅一六一八年一年，荷蘭人就從波羅的海運出兩億多公斤穀物。十七世紀中期以後，荷蘭對亞洲貿易進入高潮，佔據了東方貿易霸主之位，轉運波羅的海的殖民地產品隨之激增，增長率約為八〇〇%。十七世紀中期，荷蘭運往波羅的海主要港口的殖民產品比十六世紀中期增長約九十倍。這其中大部分是來自亞洲的產品，尤其是胡椒和香料。在波羅的海和北海，全部船運業由荷蘭獨佔。從俄國運出的農產品、毛皮、碳酸鉀和魚子，從波羅的海運出的鐵、造船用的木料、蠟，都是由荷蘭轉運到法國和義大利的利沃諾、威尼斯以及其他更遙遠的銷售地。荷蘭控制了波羅的海的貿易，使它擁有豐富的瀝青、焦油、製繩用的大麻、製風帆用的亞麻等物品，成為西歐海軍最主要的供應者。在西歐，十七世紀前半期，法國對外貿易的大部分、德意志西部的貿易、歐洲南北之間的貿易，都掌握在荷蘭人的手裡。

十七世紀，地中海貿易也在荷蘭人的掌控之中。向地中海諸國的出口佔荷蘭總出口量的四分之一，這些出口物中，除了荷蘭本國生產的毛呢等少數產品以外，大多數也是殖民地和歐洲其他國家的產品。荷蘭東印度公司從東亞運到阿姆斯特丹的胡椒，源源不斷地出口到地中海的義大利、法國諸港，成為主要貨運物資。這不但大大增加了荷蘭商人的收入，而且為他們換得了地中海國家的鹽、葡萄酒、棉花等商品，運往荷蘭本土或波羅的海國家。

我們前一章談到的香料貿易，十七世紀也曾經被荷蘭所壟斷。荷蘭東印度公司武力和外交兼施，控制了最有價值的香料產地，並實際上壟斷了對歐洲的香料船運。十七世紀歐洲市場年需香料約一百萬磅左右，獨佔了「香料群島」的荷蘭東印度公司幾乎毫無對手，十七世紀初貿易量就達到了一一二萬磅。十七世紀中期，香料產量供過於求，公司為了維持市場壟斷價格，毀掉了一批香料和香料作物，造成歐洲香料市場大大萎縮。可見，在香料貿易上，荷蘭東印度公司佔有絕對優勢，處於操縱全域的支配地位，稱得上是真正的霸主。

值得一提的是，荷蘭還在亞洲建構了一個廣闊的貿易網路，這個過程中也充斥著血腥和欺詐。一六四一年，公司佔領了南洋海域的咽喉要道麻六甲。麻六甲是東方航運貿易的樞紐，它把印尼體系與各航線連接起來，「西通印度、波斯、阿拉伯、敘利亞、東非和地中海，北達暹羅（泰國古稱）和勃固（舊時緬甸的一個王朝），東達中國、日本，是當時世界上最大的貿易體系」。藉助這種便利，公司不但壟斷了亞洲國家間的香料轉口貿易，而且還把越來越多的亞洲產品運往阿姆斯特丹，將亞洲內部市場擴大成為亞歐市場。荷蘭東印度公司為了在亞洲獲得貿易優勢，一邊與別國公司為敵、排擠外來商人，一邊與當地商人一起對殖民地人民進行強制和欺騙性的不平等貿易。例如，為了獨霸中心東印度群島，荷蘭東印度公司殘暴地驅逐了葡萄牙人、英國人等外來勢力。一六二三年，曾經製造了血腥的「安汶大屠殺」，十名英國人以及九名日本人和一名葡萄牙人慘遭殺害。公司也對當地商人的活動加以禁止和限制，規定印尼商人只准與荷蘭人進行貿易，和其他國家的貿易全部被視為「走私」，予以嚴厲禁止和打擊。到十七世紀中期，荷蘭在武力保護下排除了內外競爭者的威脅，與東印度國家簽訂了各種不平等條約，最終完全壟斷了該地的進出口貿易，擁有了為同時代的國家和公司所豔羨的「天然貨倉」。

荷蘭東印度公司的殖民地產品還被運往美洲和非洲。一六七〇年前後，荷蘭將進口的亞洲粗棉布運到西印度群島和南非的種植園，「供奴隸穿用」，甚至還用來換取美洲的貴金屬、經濟產品和非洲的活商品——奴隸。

就這樣，荷蘭東印度公司開闢和主宰的東方貿易，與荷蘭在世界各個部分的商業活動形成了一個有效率的整體。東方商品在一定程度上彌補了荷蘭與其他國家貿易中商品的不足，助長了荷蘭在出口商品結構和數量上絕對優勢的形成，成為荷蘭商業霸權確立的直接推動力。

透過直接和間接的途徑，荷蘭東印度公司憑藉自己在東西貿易中的霸主地位，為荷蘭世界商業霸權的確立發揮了極為重要的作用。到十七世紀中期，荷蘭在波羅的海、地中海和東方這三個世界主要貿易區域中已經佔據了主導地位，成為世界第一大貿易國家。

注：「尼德蘭」意為低地，是萊茵河入海處一大片低地的總稱。尼德蘭地區物產豐饒，處於北海、波羅的海至地中海的商業要道上，擁有發展商業的天然優勢。

荷葡之爭

在荷蘭稱霸海上貿易的過程中，不可避免地要與老牌的海上霸主葡萄牙發生衝撞，但是靠著強大的造船業、良好的制度保障以及強大的金融支撐，荷蘭還是戰勝了葡萄牙，笑到了最後。

在當時，香料貿易還能夠帶來暴利，因此荷蘭也盯上了香料貿易，試圖從葡萄牙的貿易版圖中打開缺口，分一杯羹。

因此在佔領南洋群島以後，荷蘭就把眼光投向了印度。在整個亞洲的貿易環節中，印度是一個樞紐，在南洋群島，通常使用印度產的布匹和當地的香料進行交換。事情進展得很順利，荷蘭先是在印度沿岸地區設立了商業貨棧，後來又在孟加拉地區成功獲得了貿易據點。在生產桂皮的錫蘭，他們直到一六六一年才佔領了這個島國。

一六六五年，印度的科契也落入荷蘭人手中。

在十六世紀的歐洲，葡萄牙佔領了印度洋沿岸的貿易據點，壟斷了通向歐洲的香料貿易，為葡萄牙獲取了巨額的財富。但與此同時，葡萄牙人已經面臨威尼斯重新崛起的競爭，運回的香料在品質上已經受到歐洲的批評。這時，荷蘭人的商業智慧顯露出來，他們知道歐洲市場的變化，所以他們壟斷的是貴重的細香料：八角、茴香、桂皮、肉豆蔻。他們把香料群島劃分成區域，每個島只准生產一種，禁止其他島生產。在安汶島，荷蘭人只要這個島生產八角和茴香，班達島生產肉豆蔻，錫蘭生產桂皮。尤其在錫蘭，桂皮只允許在較小的種植園內種植，並限制其產量。在摩鹿加群島，為了控制丁香的產量，其他島的丁香樹全部被拔掉，為此寧願向當地原住民首領支付賠償金。荷蘭人依靠暴力維護這個壟斷權力，到那裡參觀過的法國人說：「任何男子防範別人染指其情婦的舉動，都無法達到荷蘭提防別人插手其香料貿易的程度。」

這時，葡萄牙的情況卻有點糟糕了。葡萄牙人在東方打破了阿拉伯商人的貿易網路，成功地實現了貿易控制，壟斷了香料貿易。然而，他們在東方購買香料，大多使用現金交易，有時候也以物易物。他們將一些歐洲的產品帶到亞洲交換香料，當時亞洲對歐洲的產品也有一定的需要，比如銅、鉛、水銀、白銀、布匹。

遺憾的是，葡萄牙並不出產這些原料，也不想生產這些工業品，而是要到國外去購買。當時，開往東方的一艘船上的運貨單上顯示：船上裝載了熱那亞的平絨、佛羅倫斯的綁布、倫敦的棉布，還有荷蘭的亞麻布。

香料貿易的終點不在里斯本，而在安特衛普，那裡是歐洲香料的集散地。為了處理和北歐國家的貿易，葡萄牙在安特衛普建立了一個商行。船隊從那裡賒帳購買東方貿易所需要的歐洲布匹，等運回香料以後再付帳。這些貸款的利息很高，年利率大約二五％，而且運輸路線很漫長，短時期內無法還債，所以債務越滾越大，到一五二四年，葡萄牙已經欠下了三百萬克魯扎多注。

香料貿易的經營成本也在逐步加大。葡萄牙在東方的戰事需要花錢，為了維持與當地部落的聯盟需要花錢。更重要的是，航行到印度仍然充滿風險，海上的死亡率極高。

根據記載：有一位經常跑這條航線的水手說，有四千人與他一起跑這條航線，但是回來的不到二千人，一些人在海上死了，一些人在印度不適應氣候抱病而亡，還有一些人永遠留在東方，不再返回歐洲。

此外，香料貿易的利潤也在逐年下降。每年復活節期間，葡萄牙船隊離開里斯本，到達印度後，卸下裝載的歐洲貨物，裝上葡萄牙商行預先收購的香料。有人算過一筆帳：裝船時，每五十一公斤胡椒的價格為三個克魯扎多，加上旅途開銷、在印度和里斯本貯存的管理費、海上運輸費以及貨物在船上的損耗，到達里斯本以後，成本就達到十七個克魯扎多，而由貿易公司批發出售的價格為三十三個克魯扎多。

每年葡萄牙的香料進口達到二百萬公斤，大量的東方香料進入歐洲，導致香料價格下跌。另一方面，原來經營香料的義大利城市不甘心失敗，不久，從紅海阿拉伯老商路過來的香料在歐洲市場上捲土重來，他們大肆鼓噪說，葡萄牙的香料經過漫長的海上運輸，很多都已經變質。

歐洲人在香料上有了另一種選擇，對葡萄牙人來說不是好消息。很快，香料貿易的收入無法彌補支出，葡萄牙不得不向國民借內債。一五二八年，葡萄牙發放了利息為六・二五%的國庫債券，用來支付年利率為二五%的外債。到十六世紀中葉，內債比外債多了四倍。葡萄牙國內的全部積蓄就這樣流到了國外，東方貿易使國家變得日益貧困。

荷蘭的挑戰更是加速了葡萄牙的衰落。一六四一年，荷蘭人終於攻破至關重要的麻六甲，在這座葡萄牙人所建設的繁榮城市，荷蘭人為了自己的利益讓它迅速衰落了。

一六五七年，荷蘭向葡萄牙公開宣戰，採用以戰養戰的方法，搶劫和摧毀葡萄牙船隻。有一次，荷蘭截獲了一艘葡萄牙巨型商船，上面的貨物包括大量明朝瓷器。葡萄牙指責荷蘭公然搶掠，荷蘭卻搬出自己的法律專家雨果・格勞秀斯所寫的著作《海洋自由論》，駁斥當時西葡認為「航道屬於西葡」或是「西葡第一」的主流觀點，宣稱公海應該如空氣般擁有航行自由。一六六一年，在英格蘭國王查理二世的調停下，兩國簽訂協定，巴西仍然屬於葡萄牙，但是葡萄牙必須向荷蘭開放其美洲的其他商業門戶，承認荷蘭在亞洲從葡萄牙手中奪得的權益。

就這樣，荷蘭人逐漸蠶食了葡萄牙的海上霸主地位，長期統治了遠東貿易。但是荷蘭的霸權地位註定無法長久——依賴對外貿易、產業結構單一、生產力低下、遭遇鬱金香金融泡沫[注]打擊等因素，決定了一旦外部環境發生變化，荷蘭就有可能快速衰落，這一天終究還是來到了。

注一：威尼斯的達卡特金幣（重約三・五五克）是整個環地中海地區的通用貨幣。為了方便戰時採購和軍餉發放，葡萄牙國王阿方索五世下令鑄造一種與威尼斯達卡特等重的金幣。這種金幣從一四五七年開始鑄行流通，正面為加冠的葡萄牙紋章，背面為十字架圖案。由於是為了東征而準備的貿易和軍餉幣，這種新型金幣被稱為「十字軍」，葡語音譯為「克魯扎多」。

注二：鬱金香泡沫是十七世紀荷蘭發生的歷史事件，也是人類歷史上有記載的最早的投機活動。一六三四年，炒買鬱金香的熱潮蔓延為荷蘭的全民運動，一株稀有品種的鬱金香竟然達到了與一輛馬車、幾匹馬等值的地步。無論是貴族、市民、農民，還是工匠、船夫、隨從、夥計，人們都將財產變換成現金，投資這種花卉。正當人們沉浸在鬱金香的狂熱中時，一場大崩潰已經近在眼前。由於賣方突然大量拋售，民眾開始陷入恐慌，導致鬱金香市場在一六三七年二月四日突然崩潰。鬱金香泡沫事件不僅沉重打擊了舉世聞名的阿姆斯特丹交易所，更使荷蘭經濟陷入一片混亂。這個曾經繁榮一時的經濟強國開始走向衰落，而「鬱金香現象」則成為世界經濟發展史上一個著名的名詞。

《航海法案》

荷蘭四處擴張時期，英國正在進行光榮革命，受國內局勢的制約，英國未能在海外擴張上與荷蘭較勁。然而，當荷蘭在海上大出風頭的時候，其海上霸權危機隱隱出現，地位遭到英國的挑戰。為了追求海上霸權，英國護國公克倫威爾決定挑戰荷蘭。

荷蘭在一個世紀的輝煌中累積了大量財富，馬克思曾經引用居希利的話說，荷蘭「幾乎獨佔了東印度的貿易及歐洲西南部和東北部之間的商業往來，它的漁業、海運業、工廠手工業都勝過任何國家。這個共和國也許比歐洲所有其他國家的資本總和還要多」。這就引起了歐洲其他列強的嫉妒，他們都虎視眈眈地等待機會的到來。

十八世紀歐洲格局發生了巨大的變化，英國國內恢復和平，開始了持續兩個世紀的商業振興和殖民擴張。法國從重商主義財政大臣柯爾貝爾執政開始，製造業取得巨大進步，殖民擴張日具規模。西班牙實行內政改革以恢復元氣，瑞典也調整了外交政策，從戰爭中拔出腳來參與經濟競爭。可以說，荷蘭面臨的外部環境在十八世紀發生了巨大的變化，荷蘭開始面臨激烈的國際競爭，其中與之競爭最激烈的就是英國。

十七世紀以來，英國想盡一切辦法擺脫荷蘭在其國內外貿易中的中間人角色。為了能夠打擊荷蘭，英國針對荷蘭貿易的各個方面都採取了針對性的措施，最終完成了顛覆荷蘭霸權的目的。英國首先以打擊荷蘭的航運業為突破口，以此削弱它的轉運貿易優勢（因為造船業和航運業是荷蘭強盛的基礎）。一六五一年，英國政府頒布了《航海法案》，法案的主要內容是：英國優先，英國本土航海執行壟斷，只有英國或其殖民地所擁有和製造的船隻可以運裝英國殖民地的貨物；政府指定某些殖民地產品只准許販運到英國本土或是其他英國殖民地。此法案首要目的就是讓英國人掌管自己的貿易，把荷蘭商人和商船排擠出英國經濟活動圈。英國經由貿易禁令來減少對荷蘭工業特別是造船業以及相關貿易活動的依賴。該法案還對英國殖民地臣民的經濟行為做出規定，他們應該直接與母國進行貿易，航運只能使用英國或是其殖民地的船隻。也就是說，雇請荷蘭商人商船是非法的，然而中間商角色正是荷蘭繁榮之所在。因此，該法案在一定程度上打擊了荷蘭商人商船，壓縮了荷蘭與英國及其殖民地之間的貿易活動空間。英國除了排擠荷蘭中間商，還直接打擊轉運貿易重要支柱——荷蘭船隻。十七世紀下半期三次英荷戰爭（一六五二—一六五四，一六六五—一六六七，一六七四—一六七六）雖然沒有摧毀荷蘭的商業霸主地位，但是使荷蘭商船損失慘重。在第一次英荷戰爭期間，英國捕獲荷蘭船隻一千艘，一六五四年四月，荷蘭不得不與英國簽訂《西敏寺條約》，承認英國的《航海法案》。第二次英荷戰爭中，英國捕獲荷蘭船隻五百艘。同一時期，因為英國控制英吉利海峽，荷蘭商船被迫繞道蘇格蘭海岸航行，這樣不僅增加了航程而且還增加了危險。再加之北非海盜明目張膽的攻擊，間接地使得荷蘭商船損失巨大，所以在英國直接或間接的打擊下，荷蘭商船頻頻出事，使得西歐其他國家商人逐漸對荷蘭商船信任度減少，更願意租用英國商船。英國對荷蘭航運業頻繁地打擊，開始動搖荷蘭轉運貿易的基礎。

此外，阿姆斯特丹多邊支付體系的中心地位在十八世紀受到倫敦的挑戰。在貿易日益擴張的堅實基礎上，英國的票據交換業務也獲得了發展，英格蘭銀行逐漸取代阿姆斯特丹匯兌銀行在國際結算中的地位。在整個十八世紀，英格蘭銀行一直為國內外客戶貼現支票，其貼現率為五％或六％，而在阿姆斯特丹只有價值在六百弗羅林[注]以上的票據才能到阿姆斯特丹匯兌銀行兌現。貼現票據使票據可以完全轉讓，英格蘭銀行成為新的國際金融中心。

在激烈的競爭下，荷蘭首先在海上運輸業中失利，無論在波羅的海還是在大西洋都是如此，英國、法國、瑞典等國家都成為荷蘭的競爭對手。在進出口貿易中，荷蘭也逐漸處於不利地位，各國競相降低關稅以促進對外貿易的發展，使得荷蘭的貿易商地位不再穩固，經過一個世紀的輝煌，荷蘭也逐漸失去了海上霸主的地位。

荷蘭因為遠東貿易發家立國，取得大量的財富，財富使荷蘭打造了一支無人能與之爭鋒的現代海軍，進而在貿易戰中佔得軍事主動。然而一六七〇年後，歐洲出現通貨緊縮——由於物產極度豐富，導致價格減少，而荷蘭人薪資始終偏高，終於導致荷蘭失去了國際競爭力。

注：弗羅林，一二五二年熱那亞和佛羅倫斯鑄造的一種金幣，幣重三·五克左右，後來成為歐洲大多數金幣的原型。

一第七章一

拿破崙帝國與「大陸封鎖」

這本來是拿破崙最輝煌的時刻：耶拿戰役後，拿破崙征服德意志全境，取代了神聖羅馬帝國。接下來，在野心的驅動下，拿破崙的目標是稱霸歐洲乃至世界。拿破崙相信要擊敗英國這個宿敵，就要徹底擊垮其經濟，於是向英國發起了一次貿易戰——「大陸封鎖」，希望以此扼殺英國。結果這個背離經濟全球化的戰略引發了拿破崙完全意想不到的後果，首先到來的是俄法戰爭，然後是帝國的覆滅。

歐洲爭霸

提起拿破崙，人們或者會想到他的赫赫戰功，惋惜他的滑鐵盧之敗，但是有沒有人想過，為什麼當時的歐洲會前後七次組成反法同盟與之對抗？除了法國大革命這個導火線以外，還因為拿破崙發動了「空前絕後」的貿易戰——即「大陸封鎖」，這種倒行逆施是經濟貿易聯繫更加緊密的各國所無法忍受的。

英國與法國的恩怨由來已久，十九世紀初，英國戰勝荷蘭後成為海上強國，而法國也在此時迅速強盛，成為歐洲大陸的霸權國家。所謂「一山容不得二虎」，為了在政治上稱霸歐洲，兩國的對抗也就是自然而然的事情。一〇六六年諾曼征服之後，英法兩國就開始了漫長而持續的衝突，其中還包括一場始於一三三七年、終於一四五三年長達一百多年的戰爭，史稱「英法百年戰爭」。就這樣，從百年戰爭到反路易十四戰爭，從七年戰爭到反拿破崙戰爭，很難說清誰是霸權者，誰是反抗者。也許就像戴高樂將軍總結的那樣，兩國是天生的冤家——「英國的成功就是法國的失敗，英國的獲益就是法國的受損」。

在十八、十九世紀，英國和法國確實是兩個勢均力敵的強國。

在歷史上，英國一直是一個相對邊緣化的島國，隔著一條英吉利海峽與歐洲大陸相對。但是在十八世紀，英國進行了圈地運動，英國的農業生產模式因此發生了巨大變化，農民的勞動生產率迅速提高。農業革命之後，緊接著的就是工業革命，從十八世紀六〇年代到八〇年代，不過二十年左右的時間，英國就邁進了工業化國家，形成以棉紡織業、鋼鐵、煤炭為主的三大工業支柱，成為世界上第一個工業化國家。英國的國力空前膨脹，一躍成為當時世界上最發達的國家，海外殖民地遍布全球，甚至擁有了「日不落帝國」的稱號。英國率先實行工業革命後，在經濟上已經遙遙領先於世界各國，英國的工業製成品尤其受到歐洲國家歡迎，而英國因為生產和生活需要，向其他國家大量進口，也加深了彼此的相互依存關係。

法國南鄰地中海，西接大西洋，與英國相比，可以稱得上是歐洲大國，人們甚至把法國看作古羅馬帝國的繼承者。在大航海時代，法國也是一個殖民大國，其在海外的擴張僅次於英國——一六〇四年，法國也成立了東印度公司，在印度東南一帶開闢了殖民地，開始插手印度；一六〇八年，法國也來到北美，在今天的加拿大魁北克建立了殖民地，並且迅速擴大，佔據了整個密西西比河流域和五大湖西南一帶。在十七世紀末期，法國綜合國力達到全歐洲乃至世界第一，其陸軍保持四十萬人的規模，海軍實力在一六八八—一六九七年的大同盟戰爭、一六九二年的拉和岬大海戰前，超過了英國和荷蘭兩個共和國的總和，國力空前。

如果一定要將這個時期的英國和法國放在一起比較，那麼可以說，英國掌握海洋的霸權，法國掌握歐洲大陸的霸權。英法兩國開始了長期的對峙，而為了爭奪世界霸權和商業利益更是一直處於對抗狀態，直到法國大革命打破了歐洲原有的脆弱均勢。

法國大革命後，歐洲的君主們開始惶惶不安，而英國也放棄了最初的中立政策，聯合荷蘭、西班牙、普魯士、奧地利、俄國、瑞典等歐洲國家先後組成反法同盟。一七九九年十一月九日，粉碎了兩次反法同盟的天才軍事家拿破崙發動霧月政變，推翻督政府，成立執政府，獨攬法國大權。

對於拿破崙來說，英國是其最主要的敵人，也是法國稱霸世界的主要對手，如何戰勝這個宿敵呢？

柏林敕令

一八〇四年，拿破崙加冕稱帝，建立法蘭西帝國。接下來，在拿破崙帶領下的法蘭西帝國開始了征服之旅：奧匈帝國的皇帝被迫與拿破崙和親，普魯士國王和美貌的王后幾乎成為他的階下囚……尤其拿破崙掌控法國後的前十年，他幾乎征服了整個歐洲大陸。

為了征服英國，拿破崙進行了多番嘗試，他進攻英國本土，卻在海戰中敗給了英國，不得不承認英國在海上的霸權；遠征埃及，試圖切斷英國與印度的聯繫，仍舊以失敗告終。最後，拿破崙又想到了一個新的辦法，那就是與英國打貿易戰，對英國實行大陸封鎖，切斷英國和歐洲大陸的所有聯繫，最終迫使英國屈服。從理論上說，這個策略還是可行的：英國是一個島國，土地面積狹小，很多必需的資源都依賴於進口，而作為一個工業國家，英國還需要大量進口煤炭、木材、鐵等物資。可以說，如果沒有國際貿易，英國就無法正常運轉。而且這套策略已經在前期做了「預演」——一八〇三年六月，拿破崙下令禁止英國貨物進口；一八〇四年三月，法國提高了棉織品的進口關稅；一八〇五年二月，法國又提高了殖民地產品的進口關稅。

一八〇六年十一月二十日，法蘭西征服普魯士後，拿破崙在柏林發布了一道敕令，準備「以大陸戰勝海洋」，這就是大名鼎鼎的《柏林敕令》：「不列顛群島處在封鎖狀態，與不列顛群島的任何貿易、任何往來一概禁止。」就這樣，從俄國邊界沿著北歐和法國西部海岸以及地中海沿岸直到達達尼爾海峽，形成了一道鐵壁，滿載貨物的英國商船只能停留在鐵壁之外。為了強化對英國的大陸封鎖政策，一八〇七年和一八一〇年，拿破崙又陸續頒布了米蘭敕令、特里亞農敕令、楓丹白露敕令。

大陸封鎖政策不只是拿破崙野心狂妄的產物，一方面，拿破崙是希望以此來打擊英國經濟，達到不戰而勝，讓英國低頭的目的；另一方面，也是為了將英國的商品排擠出歐洲市場，保護法國的工商業發展，縮小與英國的差距。因此，這確實是一次名副其實的「貿易戰」。

拿破崙發布敕令後，英國迅速頒布了一連串的反制敕令，主要內容是沒收執行柏林敕令的中立國船隻；對往來敵國的中立國船隻指定在英國港口卸貨；繳納高額關稅；領取特許證；禁止向法國運輸某些產品……但是隨著拿破崙將封鎖圈加大，這些反制措施也就失去了作用。

最初，大陸封鎖政策給英國的對外貿易造成了沉重打擊，因為拿破崙的敕令被嚴格地執行，法國的商品順利地替代英國商品打入歐洲。其間，法國的毛紡業和冶金業也獲得了一定的發展。但這種繁榮是虛假的，一方面，法國工業仍然處於初級階段，所生產的產品無論從數量還是品質上都無法替代英國；另一方面，法國的商業優勢不是從自由競爭中得到的，在對外貿易中無法真正受到消費者的青睞。

隨著大陸封鎖的時間越來越長，這些問題逐漸暴露出來。首先是大陸各國的經濟受到了嚴重影響，工商業資產階級深受其害，到處商品奇缺、物價飛漲，大批工廠停工倒閉；工人和農民的處境更為悲慘，失業、挨餓，讓很多人都走入了絕境。此外，大陸封鎖將英法之間的對抗擴大到整個歐洲，大陸各國的經濟也因此深受其害，因為對很多大陸國家來說，英國是他們最大的貿易對象。比如普魯士和俄國都是相當落後的農業國，農產品出口額佔英國農產品進口額的七二％，卻被拿破崙的政策所阻隔，無法出口，而咖啡、可可、糖、胡椒等日用消費品卻價格猛漲，實在是苦不堪言。可以說，拿破崙的大陸封鎖政策已經嚴重阻礙了經濟發展，很多國家甚至被弄到民窮財盡的地步。雪上加霜的是，拿破崙對這些國家採取的措施十分苛刻，為確保法國產品銷售，他禁止各個國家之間相互輸入工業品，強迫各國對法國實施優惠關稅。

有封鎖就有反封鎖，在拿破崙的高壓之下，這些大陸國家不敢反抗，卻可以利用走私與對封鎖令敷衍了事的方式進行對抗。英國也把走私作為反封鎖的重要手段，一邊利用自己在海上的優勢反制法國，一邊積極與大陸各國配合進行走私貿易。到了後期，拿破崙的封鎖令效力已經越來越弱了，那不勒斯邊境、伊比利半島的漫長海岸線上、北海、波羅的海各港口，走私活動都在廣泛而活躍地進行。

帝國覆滅

在實行大陸封鎖之初，拿破崙收到的都是好消息：倫敦交易所一片恐慌、英國人的倉庫裡堆滿了積壓的商品、英國的紡織品無處可售只能降價、英國的工廠一批接一批地倒閉……好像英國很快就要完蛋了。但是隨著封鎖時間的延長，隨著法國海外殖民地大片大片喪失，拿破崙越來越焦躁了。

在拿破崙看來，日益猖獗的走私活動是不可原諒的，他下令採取越來越嚴厲的海關措施控制走私——比如沒收並焚毀一切走私商品，對走私者實行軍事審判，甚至不經審判就槍決。拿破崙一而再，再而三地申斥和威脅各地的王公、大臣、將軍們，嚴令他們執行封鎖令，還派遣大批軍警到普魯士、西班牙等國去搜查走私物品。但即使是這樣，走私貿易仍然無法禁止，最後拿破崙決定加強軍事佔領，用法蘭西的海關取代這些國家的海關。一八〇八年三月，拿破崙決定佔領西班牙，理由是西班牙政府向英國走私羊毛。隨後，拿破崙又合併了漢薩各城市、貝爾格大公國、西發利亞、阿倫貝格公國、奧爾登堡公國……

拿破崙的窮兵黷武招致了各國更強烈的反抗，西班牙、葡萄牙、普魯士、奧地利都展開了全民族的解放運動，組成反法同盟，向法國發起進攻。東西線同時作戰確實給拿破崙帶來了麻煩，但是真正給拿破崙致命一擊的卻是盟友俄國。

與英法不同，俄國是落後的農業國家，但不是自給自足式的農業國家——會出口大量農業產品，然後進口生活必需品。俄國對外貿易的主要市場就是英國，所以一八〇七年，俄國加入大陸封鎖後，很快就陷入經濟困境。一八〇八年，波羅的海各港口進出的船隻只有可憐的七四三艘，大量的農產品無法出口，價格暴跌，盧布貶值，地主、商人、貴族的利益嚴重受損。大陸封鎖政策給俄國帶來的損害是巨大的，俄國直接公開進行抵制。

一八一〇年十二月十九日，俄國沙皇亞歷山大一世頒布了《關於一八一一年與中立國貿易的規定》及其附件。《規定》減少了要求證明船、貨中立性的文件；簡化了確認船、貨中立性的手續，大大便利了與中立國進行海上貿易。這個文件名義上是放寬中立國貿易，實際上等同於向英國商品敞開大門。

這種公然違背盟約、破壞大陸封鎖的行為激怒了拿破崙，他絕對不允許俄國在自己的鐵壁上打開缺口。一八一二年夏，拿破崙集結軍隊六十一萬及一千四百門大炮，帶著數萬輛大車和十五萬匹軍馬渡過尼曼河，向俄國不宣而戰。拿破崙一定無法想到，大雪紛飛的俄國會終結他的政治生命，在庫圖佐夫[注]的「堅壁清野」政策下，法國軍隊鬥志徹底渙散，拿破崙的不敗神話被打破，等遠征軍回國時才發現已經不足三萬人，而隨後，迎接他的是第六次反法同盟。

大陸封鎖是一次規模巨大的強制性經濟封鎖，拿破崙脅迫歐洲諸國屈從於自己的意志，野蠻地破壞了現代社會貿易自由的基本原則，而這種政策註定是無法長久的。

再給大家看一組資料：在拿破崙的嚴密封鎖下，英國的出口額從一八〇五年的四千八百二十萬英鎊上升到一八一〇年的六千一百萬英鎊。相反，歐洲各國在農產品失去銷路、貿易又受到法國嚴重盤剝和限制等因素的影響下，財政幾近破產。法國也沒有討到太多好處，雖然在歐洲傾銷了一些商品，但是封鎖也導致無法學習英國先進的工業技術，造成了自身工業革命的遲滯。

在現代經濟中，封鎖、壁壘、壟斷不僅會傷害其他國家的利益，也會損害自己的發展，因為沒有哪一個國家的經濟是透過封鎖發展起來的。

注：米哈伊爾．伊拉里奧諾維奇．庫圖佐夫，俄國卓越的軍事家、統帥、軍事理論家。一八一二年，拿破崙對俄國不宣而戰，六十七歲的庫圖佐夫臨危受命重返軍隊，在敵眾我寡的情況下，他採取更加靈活的戰鬥方式，零星交戰、迂迴機動、積極防禦，最終消滅了被認為不可戰勝的拿破崙大軍。

一第八章一

美國南北戰爭中的貿易戰

一八六一年美國爆發了南北戰爭，這是美國歷史上唯一一次內戰。戰爭的導火線是南北十一個州要求獨立，後來南北戰爭又演變為一場消滅奴隸制的革命戰爭。但是，這場戰爭背後有深刻的經濟原因——北方的資本主義工商業經濟和南方的奴隸制種植園經濟之間存在巨大的衝突，這也是為什麼有人把美國南北戰爭稱為第二次資產階級革命。今天，當我們回頭去看南北戰爭，就會發現這場戰爭自始至終貫穿經濟因素，在炮火硝煙之外，雙方還動用各種經濟手段打了一場貿易戰。

南北之爭

美國建國後，最初實行的是鬆散的聯邦制，每個州可以擁有自己的法律、自己的經濟制度，簡言之，就是各自為政。這種同盟性質的立國體制不可避免地會導致一些摩擦和衝突，從經濟角度來看，南方各州與北方各州就存在天然的衝突。

首先，南北方在對關稅的態度上存在差異。北方各州是新興的工業州，工商業都處於發展階段，自然無法與老牌的工業國家相媲美，因此他們希望聯邦能夠收取保護性的貿易關稅，避免競爭性商品在美國傾銷，讓新興的工商業有機會發展壯大。

南部的態度卻截然相反。南方各州主要是農業為主，透過棉花出口來獲取利潤，因此他們強烈反對提高關稅，廣大農場主們的訴求就是既可以自由地出口棉花，又可以購買國外廉價的工業品。而且南方各州認為自己在這個問題上比北方各州更有話語權，因為他們繳納了四分之三的聯邦賦稅。

順便說一句，南北方對待英國的不同態度也導致了雙方的進一步分裂。南方各州因為與英國有直接的利益關係，因而與英國關係較為親密，向英國銷售了大量的原料和工業初級品，所以南方強烈反對保護性關稅，不希望因此影響了自己的出口。在北方各州看來，英國是純粹的競爭對手，英國一直把廣大的殖民地當作產品傾銷市場，並從這些地方獲取廉價的原料。因此，北方對於南方各州將原料和工業初級品賣給英國也早有不滿。

其次，蓄奴和廢奴之爭。表面上看，廢奴是政治訴求，但實質上還是要歸結到經濟上。美國獨立戰爭期間，奴隸制的合法性是十三個殖民地都承認的。但是到十九世紀三〇年代，美國已經出現了十一個自由州，廢奴的呼聲在北方響起，而南方卻固執地維護奴隸制。這種爭端其實也反映了南北方巨大的經濟差異。南部的奴隸制種植園經濟需要大量奴隸，但是他們儘管禁錮大量的奴隸，卻存在經濟效率低、成本高、利潤低的問題；北方新興的工商業也需要大量勞動力，而且北方需要的不是被禁錮的奴隸，是大量自由的生產率較高的勞動力。到了十九世紀五〇年代，南北方的經濟實力呈現此消彼長態勢，南方落後的農場經濟已經陷於停滯，而北方以紡織、煤炭、鋼鐵業為主的工業製造業卻在飛速發展，北方的勢力不斷擴張，原本的南北平衡被打破了，戰爭一觸即發。

一八二八年到一八三二年，美國國會通過了提高對歐洲工業產品的關稅以利北方各州的工業發展。這項關稅政策徹底激怒了南方，因為這項政策將對倚重對歐洲大量外銷農產的南卡羅萊納州及其他南方各州來說是一個重大的利空，歐洲各國會報復性地提高對美國農產品的關稅，進而影響南方州的收入，因此這項關稅政策被南方州譏為「嫌惡關稅」。南方各州反應強烈，南卡羅萊納州議會甚至召開州代表大會，通過了聯邦法令廢止權條例，宣布一八二八年及一八三二年的關稅法於該州內無效。經濟上的衝突是導致南北分裂的重要原因，這也是為什麼美國的經濟史學家會認為南北戰爭「基本上是一個地方性的經濟衝突」。

「蟒蛇計畫」

一八六〇年，反對奴隸制的共和黨人林肯當選美國總統，讓南方各州徹底絕望了。認為自己受到經濟剝削的南方各州宣布自組南方邦聯政府，退出聯邦。雙方的衝突不可調和，於是在一八六一年，南北戰爭開始了。

軍事戰爭部分我們就不再介紹了，這裡我們主要說一下南北戰爭中雙方你來我往的「經濟貿易戰」，第一回合鬥的是封鎖與反封鎖。

著名小說《飄》就是以美國南北戰爭為背景寫成的。小說的男主角白瑞德是一位穿越封鎖線牟取暴利的商人，他為人粗率不羈，視道德如無物，卻因為穿越封鎖線運送藥品，成為人人尊重的英雄白瑞德船長，而所謂的封鎖線就是我們接下來要談到的北方對南方的經濟封鎖。

南北戰爭爆發時，南方農業州缺乏工業基地，主要產品就是菸草和棉花，靠出口這些農產品換取日常生活的各項供應品，部分地區甚至連糧食都無法自給。也就是說，南方極度依賴於對外貿易，北方也很清楚地認識到這一點。一八六一年三月，北方聯邦陸軍總司令史考特將軍提出，「應該禁止外國貨物進入已經失去控制的港口，國會應該通過決議關閉這些港口，並對它們進行封鎖」，這個建議後來被稱為「蟒蛇計畫」。

同年四月十九日，林肯總統頒布了封鎖公告，宣布實行海上封鎖，對南方打一場經濟封鎖戰。南方的海岸線非常曲折，長達一萬二千英里，其間分布大大小小的港口，但是在林肯的封鎖令下，這些都不值一提。北方政府藉由比南方更強大的海軍，不斷完善封鎖措施，在南方海域拉起了一張大大的封鎖網，南方邦聯被控制在網內。當然，有封鎖就有反封鎖，南方的船隻試著偷偷穿越封鎖線，換取所需的工業製品。據稱，南北戰爭期間，有一千五百艘左右的南方船隻被擊沉或捕獲，只有很少數量的船隻成功闖關，但是這些船隻所帶回的物資相對於南方所需來說，只是杯水車薪。有些英國冒險家駕駛小型走私船，從古巴和巴哈馬運來軍火及奢侈品交換高價的棉花及菸草，但是也大多被捕獲了，北方聯邦的態度是走私船及貨物被出售而收入歸聯邦水手，英國船員則獲釋。

在當時，北方聯邦士兵每天都能吃到培根、牛肉、麵粉、玉米粉、硬麵包，還能得到稻米、醋、鹽、糖、肥皂、蠟燭滿足日常所用，而南方士兵只能吃到玉米粉，基本的生活需求和飲食都無法保障，南方的士氣越來越低落。

貿易封鎖對南方的傷害是巨大的。首先，封鎖切斷了棉花和菸草的出路，破壞了南方的經濟結構。其次，封鎖使南方無法進口各種所需的工業製品，不但軍隊無法得到武器和軍服等所需供應，有些農業生產也因此停擺。隨著北方軍事實力的增強，對南方形成的包圍圈越來越小，南方一些重要的日用品如紙張、布料、燈油、肥皂十分短缺。

貿易封鎖對南方的影響還不止於此。打仗是需要錢的，但是在北方嚴密的經濟封鎖之下，南方經濟嚴重萎縮。為了確保戰爭需要，南方曾經試圖實行關稅政策，但關稅稅收也少得可憐。無奈之下，南方政府又發行了數億美元的戰爭公債，還發行了紙幣，但是這些做法無異於飲鴆止渴——氾濫的紙幣造成了通貨膨脹，南方經濟加速衰退。南方還曾經試圖向國外借款，一八六三年，南方邦聯在歐洲發行了一千五百萬美元的棉花支持債券。這批債券以南方的重要出口商品棉花為擔保，但是從這批債券中南方只得到二百五十萬美元的現金，無法真正改善南方捉襟見肘的處境。

更糟糕的是，隨著北方軍事實力的不斷增強和南方的節節敗退，「蟒蛇」越收越緊，南方經濟完全被壓制了。

棉花對抗

與北方相比，南方在戰爭一開始就沒有做好思想準備，他們至少犯了兩個錯誤：首先是低估了北方統一美國的決心，還指望北方厭戰以後實現和平；其次，他們過高地估計了「棉花大王」的重要性，認為北方的封鎖和持久戰會迫使英法介入戰爭，因為棉花的缺少將影響歐洲經濟。但是後來的事實證明，貿易戰的主動權並不在他們的手中（這與當時的國際貿易形勢有關）。

一八五〇年到一八六〇年，英國所用的棉花八〇%來自美國南方，內戰爆發後，南方邦聯自信可以取得國際支持，他們也是這樣用輿論為自己造勢。一些大農場主曾經吹噓道：「有一點是不容置疑的，英國將盡其全力去動員整個文明世界來挽救南方。」「你們不敢對我們的棉花開戰，世界上沒有任何一個大國敢對棉花開戰！棉花就是王。」因此對於北方的海上封鎖，南方並沒有特別擔心，棉花就是他們最重要的籌碼，出於自身的經濟發展需要，英法不會對北方的封鎖坐視不理。當時，查爾斯頓的《鏡報》也曾經放言：「主動權掌握在我們手中！我們要拖到英法的每家棉紡廠倒閉破產，不到他們承認我們獨立絕不罷休。」為了造成棉花短缺，讓歐洲國家及早出手，南方還故意減少棉花種植面積，並忍痛焚燒了二百五十萬包棉花，但是接下來的情節並沒有如南方所預料的那樣展開。

南北戰爭開始前，也就是一八六〇年，英國的紡織廠商從美國進口了大約二百五十八萬包棉花，導致初期棉花商路的中斷並沒有給英國造成太大影響，而法國的情況也差不多，兩國都有大量的棉花儲備。等到儲備的棉花用完後，確實影響到了兩國的棉紡織工業。一八六二年，英國僅從美國南方進口棉花七・二萬包，當時英國有近四十萬棉紡工人失業，英法兩國的棉紡工業都不同程度地出現了危機。不過棉花危機又很快解除了，因為當時的棉花貿易形勢已經有微妙的改變，印度和埃及的棉花產業逐漸成長，英法兩國對於美國的棉花不再有絕對的依賴，此時英法等國最缺的是小麥，這正是美國北方聯邦所盛產的。當時，英國正好趕上了數個災年，小麥連年歉收、大幅度減產，甚至到了要鬧饑荒的程度，必須從美國北方進口大量的小麥，因此不能跟北方鬧得太僵。而且英國的工業界想往北方輸送自己的工業品，英國不得不轉換政策，開始與南方疏遠，將南方軍在英國建造的兩艘重型鐵甲艦扣押，到後來，更親自接管了北方與英國之間的貿易線，讓南方軍的海上貿易騷擾政策失敗。沒有了英國的帶頭，其他歐洲各國也是基於自己的利益考慮，沒有承認南方的合法性。

英國對美國內戰的態度，表面上看是小麥歉收引起的偶然，但是偶然中其實也有必然。按照英國的這種思維，英國最終選擇北方是必然的，因為北方能夠比南方提供更多的經濟利益。在南方，英國的利益重要是棉紡織業，而棉紡織業已經處於衰落期。北方迅速發展的公路、鐵路、銀行、股票證券等產業開始越來越重要，英國在北方也做了很多投資。

就這樣，北方不僅利用其軍事優勢，讓歐洲列強不敢隨意承認南方的合法性，還利用其工業經濟優勢和歐洲對其小麥的需求，達到了阻止歐洲列強支持南方的目的，頗有「不戰而屈人之兵」的意味。

—第九章—

斯姆特－霍利關稅貿易戰

《斯姆特－霍利關稅法案》得名於美國的兩位國會議員斯姆特和霍利。為了擺脫一九二九年開始的經濟危機，他們聯名提出了一項新的關稅法案，大幅增加關稅，結果引來了各國的抗議，很多國家也對美國實行了報復性關稅。在關稅實行後，美國的全球貿易萎縮了六六%，外貿型企業紛紛倒閉，失業者不計其數。美國經濟因此遭遇重創，開始了五年的大蕭條。

危機爆發

斯姆特－霍利貿易戰緣起於美國一九二九年經濟危機，它是美國試圖轉嫁經濟危機的產物。

美國發生經濟危機時，時任總統為胡佛。這位總統剛上任就遭遇了經濟危機，他的名字與大蕭條永遠地聯繫在一起，並以幽默段子的形式「名垂青史」。胡佛總統之所以從「美國英雄」淪為民間笑話，跟他應對經濟危機時的一些錯誤而愚蠢的經濟政策分不開。

二十世紀二〇年代原本是美國最好的光景，那是一個真正的浮華時代：大街小巷擠滿了汽車，「一美元首付」就可以拿到；民眾都在買地、買股票，一夜暴富的神話四處可聞；工人的薪水越來越高，女性的裙子越來越短，美國上下充斥著享樂主義和娛樂道德觀。在這個時期，美國實行的是寬鬆的貨幣政策，基礎建設得到巨大發展，城市化首次超過五〇％，個人所得稅大幅縮減，中產階級也能消費汽車和收音機等曾經的奢侈品。股市一片繁榮，道瓊指數從一九二一年六月的六十餘點開始反彈，一九二九年九月最高漲至三七六點，漲幅高達五倍多。

一九二九年，胡佛總統上台，他在競選演說中發誓將消滅貧窮，還為美國人描繪了一幅美好的盛世景象——「美國人家家鍋裡有兩隻雞，家家有兩輛汽車」，讓美國人對未來滿是憧憬。但是很快這一切都將成為泡影，無論是美國總統還是普通民眾，都沒有意識到，自己已經走到了浮華的終點。

一九二九年十月二十四日，股市開始崩盤，市場中掀起了拋售狂潮；十月二十九日「黑色星期二」，股市徹底崩潰，在十年大牛市後，股市跌入了深淵，股票成為廢紙，數字全無意義。有煤炭公司的老闆被暴跌的股市刺激得心臟病發，當即倒地死在辦公室中；有出海遊玩的富人，回來後發現風雲突變，自己已經變成了貧民；有人跳樓，有人甩賣豪車……這次股災造成的損失有多大呢？我們這樣描述，讀者的感受可能更直接一點：從「黑色星期二」開始的十個交易日內，三百億美元的財富消失，而美國在第一次世界大戰中的總開支也不過就這些。股市的暴跌還不是最可怕的，經濟萎縮更為致命。

從一九二九年到一九三二年，鋼鐵工業下降了近八〇%，汽車工業下降了九五%，至少十三萬家企業倒閉，佔全國勞工總數四分之一的人口失業。人們瘋狂地咒罵和嘲諷胡佛總統：大批的失業者無家可歸，他們只能用一些廢棄紙板和木板搭起流浪小屋，這些小屋聚集的村落被稱為「胡佛村」，流浪漢的要飯袋被叫作「胡佛袋」，由於無力購買燃油而改由畜力拉動的汽車被叫作「胡佛車」，流浪漢蓋在身上的報紙被叫作「胡佛毯」。紐約大街上還流行一首兒歌：「梅隆[注]拉響汽笛，胡佛敲起鐘。華爾街發出信號，美國往地獄裡衝！」

胡佛總統在任的四年裡，經濟危機佔了三年半。他的悲哀是：雖然試圖挽救經濟危機，但其具體決策總是把事情弄得更糟。比如他簽署了《斯姆特－霍利關稅法案》，向其他國家發起貿易戰，但實際上，這項法案卻把美國經濟和世界經濟推入了更深的深淵。

注：時任財政部長，奉行自由放任主義，提出讓經濟進行「自我治療」：「我不相信有什麼秘訣能補救我們今日所受的災害，我不相信我們的制度在本質上有什麼不對的地方。」

法案簽署

經濟危機爆發後，美國國內出現了一種看法，有些人認為經濟蕭條是由國際貿易造成的，國外商品的大批湧入導致產品過剩，導致工作職位不足。也就是在這樣的背景下，美國國會議員霍利和斯姆特聯名提出了一項新的關稅法案。

我們可以花一點筆墨介紹一下斯姆特議員其人，這樣大家也能更全面認識到《斯姆特－霍利關稅法案》的愚蠢之處。斯姆特是一個虔誠的摩門教教徒，他相信自己對美國負有使命，這項使命就是淨化美國，使其免於外國各方面的毒害，他還相信自己最終會在一項長期立法中名垂青史。除了抱負，我們還要介紹一下斯姆特議員的身分，他不但是一位商人，還是一位業餘經濟學家，他對經濟危機的理解很簡單，一句話就可以概括：市場上銷售的商品數量超過美國人的購買能力，導致了經濟危機，而具體的解決辦法就是把其他國家的商品趕出美國市場。

在這樣的思路下，斯姆特議員聯合霍利議員提出了一個解決方案。他聲稱，這個方案能夠真正解決美國的就業問題，這個方案就是《斯姆特－霍利關稅法案》。這是一個以鄰為壑的不公平競爭法案，它可能引起的後果，聰明人一眼就能看到。

聯合提出該項法案的另一位議員霍利也積極奔走，他花了數十天的時間走訪農場主和工商業者，搜集了厚達一萬多頁的證詞，並在此基礎上提出一個方案，該方案建議增加八四五種商品（主要是農產品）關稅，並減少八十五種商品（主要是工業品）關稅。方案在眾議院通過後遞交到參議院，在斯姆特的主持下，方案改為提高一七七項、降低二五四項關稅，然後便是漫長的討價還價，最終提案在一九三〇年三月付諸表決，並以四四：四二的些微差距在參議院通過。

最開始的時候，霍利把關稅的重點放在農產品上，他認為工業品的關稅可以保持不變。但是工業利益集團當然不願意看到這種情況發生，他們極力遊說，要求提高工業品的關稅。最終《斯姆特－霍利關稅法案》融合了各方的訴求，進口商品的稅率從平均四〇％升至四八％，三千二百種外國商品（佔總數六〇％）的關稅上漲，為國際貿易建立了一堵高高的死亡壁壘。

儘管來自不同學派的一〇二八名經濟學家聯名上書胡佛總統，呼籲否決《斯姆特－霍利關稅法案》，儘管一些有威望的企業家也加入了勸說隊伍，但是胡佛還是一意孤行地簽署了這項愚蠢的法案，雖然他也認為這項關稅法案是「十分惡毒的、敲詐勒索的、令人生厭的」。一九三〇年六月十七日，這項法案經過簽署成為法律，它以法律形式修訂了一一二五種商品的進口稅率，其中增加稅率的商品有八百九十種，五十種商品由過去的免稅改為徵稅，導致農產品原料的平均稅率由三八．一％提高到四八．九％，其他商品的稅率由三一％提高到三四．三％。後來在執行時，美國關稅的平均稅率達到五七．三％，是一九二九年關稅稅率的四倍，堪稱美國建國以來最高的關稅法案。

就這樣，在經濟蕭條席捲全球的關鍵時刻，美國大幅度提高關稅，最終導致全球關稅大戰，後來這項法案被稱為「二十世紀美國國會所通過的最愚蠢的法案」。

關稅壁壘

法案實施後，效果「立竿見影」。全球大部分船隊停運，新船訂單取消，從鋼鐵生產、漁業、農業到各種製造業普遍受到了影響。

美國提高關稅的做法，其他各國（尤其是歐洲國家）當然不可能忍受，各國政府最開始是向美國政府提出強烈抗議，三十四個國家的抗議信像雪片一樣飛往白宮，但是美國卻傲慢地毫不理會。

在這樣的情況下，利益受損的各國只好展開以牙還牙的報復，一場規模空前的貿易戰就這樣開始了。加拿大首先宣布對佔美國出口三〇%的商品徵收關稅，德國和英國的宏觀關稅稅率由一九三〇年的一〇%左右上升至一九三二年二五%的高位，而全球貿易整體的宏觀稅率也從一〇%左右上升到二〇%。一些國家紛紛仿效，國際貿易一時之間幾乎停滯，其他國家或者轉向替代市場，或者發展替代的製造業，以取代從美國進口的商品。這場貿易戰，對後來的國際政治格局也產生了一定的影響——加拿大開始尋求與英聯邦更加密切的經濟聯繫；法國和英國上調對美國的關稅，對與美國的關係感到不安；德國致力於打造聯盟，建立自給自足的經濟體系……

到了一九三一年，各國進口稅率已經比一九二九年提高了近一〇〇％，其中法國用二〇〇％的進口稅保護小麥，德國用三〇〇％的進口稅保護稞麥，關稅壁壘已經高得可怕了。

《斯姆特－霍利關稅法案》實施後，又對美國產生了什麼影響呢？首先，美國國內經濟並沒有因此振興，通貨緊縮還在持續，失業率不但沒有得到拯救，反而一路攀升；其次，美國商品進出口跌幅進一步擴大，而且因為其他國家的報復性關稅，出口跌得更多。美國經濟陷入長期的蕭條中，事實證明，《斯姆特－霍利關稅法案》只是損人不利己。更為慘烈的是，這次貿易大戰摧毀了國與國之間本來就脆弱的互信氛圍和合作機制，最終發展為第二次世界大戰的海上封鎖和潛艇戰，這些我們在後文還會提到。

世界性的報復關稅，使美國出現了商業衰退，美國選擇了飲鴆止渴，分別於一九三一年底和一九三二年初頒布了一批對進口工業品和農產品徵收從一〇％到一〇〇％高額關稅的法令。這種高關稅政策，再次引起了歐洲國家普遍的效法，關稅貿易戰達到了白熱化的程度。

資料顯示，一九三二年美國從歐洲進口總值僅三・九億美元，而一九二九年為一三・三四億美元；一九三二年，美國向歐洲出口總值為七・八四億美元，而一九二九年高達二三・四一億美元。到了一九三四年，全球貿易總量減少達六〇％以上，歐洲的德、英、法、義等國出口增長率從一九三〇年開始都轉為負增長，整個資本主義世界陷入了全面大蕭條。

到了一九三三年初，美國的金融體制已經陷於癱瘓，胡佛的個人形象糟糕得無以復加。

一九三三年，羅斯福在美國總統大選中毫無疑問地勝出，美國貿易政策也因此出現了重大轉變。與胡佛不同，羅斯福清楚地認識到高關稅是導致國際貿易萎縮、全球經濟蕭條的重要原因，一九三四年，美國公布了《互惠稅則法》。該法案對一九三〇年的《斯姆特－霍利關稅法案》進行了修訂，在一定程度上開放了美國企業進口，並且賦予總統協定關稅的權利。《互惠稅則法》頒布之後，美國的平均應稅稅率和平均整體稅率開始逐步下降，貿易保護程度在世界範圍內才得到緩和，一九三四年至一九四五年，美國與其他國家完成了三十多個雙邊貿易自由化協定談判，「貿易自由化會刺激經濟增長，低關稅能讓國家重回繁榮」成為當時的主流觀點。於是我們看到，一九三三年至一九三五年間，美國國民生產總值從三九六億美元上升到五六八億美元，「（美國）此時此刻，工廠機器齊鳴，市場一片繁榮，銀行信用堅挺，車船滿載客貨往來川流不息……」

對於《斯姆特－霍利關稅法案》，經濟學家的看法是一致的——它給當時脆弱的全球經濟雪上加霜，進一步導致了美國乃至歐洲的經濟蕭條。它給國際貿易帶來的震盪，直到幾十年後才逐漸消退。

一第十章一

日本侵華戰爭的隱秘陣線

近代日本透過明治維新成為亞洲強國，但是日本國土狹小、資源貧瘠，而中國地大物博，日本根本無力支撐一場長期的對華戰爭。於是，日本採取了雙管齊下式的作戰方針，一邊實施軍事侵略，一邊對中國發起貿易戰，意圖減少本土經濟消耗，擊潰和吞併中國經濟，縮短戰爭過程。

傾銷稅法

一九二九年，資本主義世界爆發了經濟危機，中國實際上成為這場經濟危機的「洩洪區」。為了擺脫和轉嫁經濟危機，帝國主義各國一方面實行關稅壁壘，控制本國市場，另一方面對華傾銷商品，其中日本更是積極對華傾銷日貨，以吸收法幣，搶購戰略物資，對中國打起了貿易戰。

前文曾經提到的《白銀收購法案》制定後，國際金融市場上「金賤銀貴」，對於中國的對外貿易是非常不利的，變相抬高了中國商品的出口成本，降低了進口關稅利率，於是大批「洋貨」開始湧入中國市場，中國的貿易入超大幅度上升，一九一九—一九二一年為二・八二億元，到了一九二九—一九三一年變為六・一八億元，一九三三年更是迅速增長為七・三四億元。日本工業品也抓住時機，大力侵入中國市場。在對華商品傾銷方面，日本具有天然的優勢：一方面由於工業發達，另一方面由於其距離中國較近，運輸方面比其他資本主義國家方便，運輸費用也相對較低，在商品競爭上容易取得優勢。僅一九三八年一年，日貨在淪陷區就傾銷劣貨二億餘元，為日本全部出口額的六〇%。

在日本對華傾銷的商品中，最具代表性的就是水泥。日本水泥由於生產過剩，開始向中國大量傾銷，給中國同業帶來了巨大的衝擊。當時的中華水泥廠聯合會調查顯示，日本水泥明顯存在傾銷問題：水泥在日本的售價為每桶約合三兩二錢四分，加上運到中國上海的各項費用二兩四錢，日本水泥的出貨價應該在五兩六錢四分左右，但是日本水泥當時在上海的售價為每桶三兩左右，比在日本本國售價還要低二錢四分，只比運費及保險費和稅金高出六錢，這個價格本身就非常不合理。在這樣的低價傾銷下，中華水泥根本就沒有還手之力——當時的國貨水泥售價為四兩六錢，另加統稅銀六錢、傭金一錢五分，合計每桶五兩三錢五分，比日本水泥每桶要貴二兩三錢五分。

這還只是水泥一項，其他大量工業產品也紛紛佔領中國市場，嚴重排擠和打擊了新生的中國工業，民間企業紛紛歇業甚至破產。國內工商業人士呼籲反傾銷立法，保護和救濟國內產業、維護國內正常市場競爭秩序、抵制外貨傾銷。

在這樣的情況下，南京國民政府在一九三一年二月九日，正式頒布了《傾銷貨物稅法》。《傾銷貨物稅法》共九條，主要內容有：外國貨物以傾銷方法在中國市場與中國相同貨物競爭時，除了進口關稅以外，另外徵收傾銷貨物稅；外國貨品有以下情況視為傾銷——較其相同貨物在出口國主要之市場售價為低者，較其相同貨物運銷中國以外任何國家之售價為低者，較該項貨物之製造成本為低者。此外，為了與《傾銷貨物稅法》配套，還成立了傾銷貨物審查委員會。反傾銷法實施細則公布後，傾銷貨物審查委員會對第一批傾銷案件進行了調查，我們可以看一下這些傾銷案件：（一）洋粉傾銷案，（二）日本紗廠在武漢傾銷案，（三）日本水泥傾銷案，（四）日本電燈泡傾銷案，（五）日煤撫順傾銷案，（六）日本水泥、俄國水泥傾銷案，（七）日本生鐵傾銷案，（八）日本碳酸鈣傾銷案。

這是中國的第一部反傾銷稅法，顯示了南京國民政府開始有意識地用必要的非關稅壁壘手段來保護本國商業利益，可惜的是象徵意義遠大於實際意義，這部反傾銷法註定很難徹底實行。我們可以看到，調查的案件中大部分是關於日本的傾銷案，而當時日本一直以外交干涉和武力恫嚇威脅中國，干擾中國的關稅自主。日本外務省曾經「向國民政府提出抗議」，威脅說「提高關稅，於日本貿易打擊甚大，有害中日友交關係，甚為遺憾，敬求反省」。因此，要對日本徵收反傾銷稅，其難度可想而知。就連民國時期著名經濟學家馬寅初都感嘆說，國民政府「外交一受壓迫，即無法抵抗，其不能自主，可以想見」。

走私之戰

日本侵華戰爭爆發之前，日本傾銷劣貨的一種手段就是走私，而抗戰爆發後，日本更是把走私作為貿易戰的一種主要手段，向中國發起了猛烈進攻。

日本的走私方案非常「靈活」，時而禁止走私，時而鼓勵走私，時而又採取利用和禁止走私雙管齊下的政策，一切依戰局的變化而定。而且日貨走私往往與軍事手段相結合，各戰區的日軍往往在軍事上故意讓開一條路徑供販運走私之用，然後策動奸商和土匪販運日貨，積極擴大日貨銷路，有時候日軍還會親自出馬，武裝搶運偷運走私物資。

最初，日本一方面封鎖中國對外貿易，另一方面加大對華傾銷（主要利用走私手段），但在傾銷貨物中也規定某些禁品，如鋼鐵、銅、鋅、鉛、鋁、銻、錳、雲母及機器、煤、麻、棉花、羊毛、皮革、豬鬃、桐油、茶葉。日本的走私網遍布中國全國，從北部的綏遠、包頭，到西北的寧夏、隴西；從中部的長江一線，再到洞庭湖、鄱陽湖的水道；還有沿海城市上海、寧波、溫州、廈門、潮汕等地，到處都有日本的走私線。透過這些密布的走私網，日本每年把幾千萬擔日貨輸入到中國，每年又把幾千萬擔鎢礦、糧食、蠶絲、棉花等重要資源和幾億元法幣流出到日本，損害中國的經濟和對外貿易，壯大自身的經濟。有經濟學家曾經對此做了一些總結，我們可以從中看到日本走私為禍之重：以日貨吸取大量法幣，再用法幣到上海和香港的金融市場上套取中國法幣外匯基金；以日貨換取戰地輸出品，如茶、絲、豬鬃、植物油、牛羊皮，以增強其外匯儲備；藉此傾銷日本國內一部分未能消納的貨物，與中國農產品做不等價的交換；向淪陷區和敵後抗日根據地及大後方搶購其缺乏的某些重要物資。

對於日本的大量走私，國民政府曾經下令嚴查，並且「依據戰時人民生活之需要，分別輕重緩急」，實行戰時經濟統制。統制的物資大致可分四類：日用必需品、工業器材、出口物資、專賣物品。實施經濟統制的主要方法是：統購統銷、專賣制度、限價政策。一九三八年十月二十一日，國民政府經濟部公布了《禁運資敵物品條例》，禁止運輸應結外匯物資走私往淪陷區域及其他敵人勢力所及的範圍。一九四〇年，又將一些奢侈品列入禁止進口物品清單。這些措施具有積極的意義，也在一定程度上打擊了日本的走私，只是效果並不理想，這也是因為戰局混亂，國民政府內部的規章制度不統一等原因造成的。

一九四〇年六月開始，中日雙方貿易戰的策略都發生了微妙的轉變——日本由走私傾銷政策轉變為實行嚴厲的對華貿易線封鎖政策，而國民政府則由嚴查走私變為鼓勵走私和加強緝私並重的政策，這種政策的轉變是由當時的戰局決定的。當時，日本加入了德義法西斯軸心同盟，英美開始對日本實施經濟封鎖，這樣一來，再盜取中國外匯已經意義不大了，所以日本改為嚴厲封鎖中國對外貿易，試圖斷絕中國正常的物資供應。為了擺脫對外貿易困境，國民政府考慮利用走私獲取緊缺物資，於是在一九四〇年八月十三日頒布了《進出口物品禁運准運專案及辦法清表》，規定部分物資「不問來自何國及來自國內何地，一律准予進口」，這也是在事實上鼓勵了走私。國民政府也沒有放鬆對日本走私的查禁，一九四一年一月十五日成立緝私處，統一辦理全國緝私行政，進而在國內形成以緝私處和海關為主要緝私機關的查緝走私新體制。到了一九四二年，緝私處改為緝私署後，全國緝私體制大致統一，也強化了緝私功能。

國民政府對待走私與緝私的政策，在一定程度上打擊了日本的對華走私策略，儘管應對比較遲緩和被動，但還是粉碎了日本企圖利用走私擊垮中國經濟的目的。

貨幣戰爭

中日全面開戰前夕，日本就打好了另一番算盤，準備與中國打一場「貨幣戰爭」，「應該設法造成法幣的崩潰，取得中國在國外的基金，由此在財政上使中國中央政府自行消滅」。其目的不外乎兩個：破壞法幣的流通和信用，套取中國外匯，便於搶奪物資；破壞中國金融的穩定性。

日本本來是希望直接發行新貨幣代替法幣，但是考慮到法幣是當時唯一能夠購買外匯的，日本又決定改為吸收法幣，在上海外匯市場套取中國的外匯存底。日本之所以選擇吸收法幣套匯策略，是因為當時英美還是日本的主要交易夥伴，而美國雖然譴責了日本的侵華行為，但實際上並沒有停止與日本的貿易往來。因此，日本瘋狂地向中國大後方傾銷商品，套取法幣與金銀[注]，再從美國購入棉花和軍火等貨品。

外匯走私的利弊，國民政府當然也很清楚，為了防止國內資金外流與外匯耗損，抗戰初期，國民政府曾經頒布了許多規定。比如《修正妨害國幣懲治暫行條例》規定：意圖營利私運或銷毀銀幣、銅幣、中央造幣廠銀條或銀類出口者處死刑、無期徒刑或七年以上有期徒刑，並處五倍以下罰金；《非常時期安定金融辦法》規定：從次日起，存戶每週只能提取一百五十元；《取締敵偽鈔票辦法》規定：凡敵偽鈔票，無論在任何地方，一律禁止收受行使，否則以漢奸罪處罰；

《限制攜帶鈔票辦法》規定：由廣州附近攜鈔赴香港澳門及廣州灣者，每人以二百元為限；《收兌金銀通則》規定：運送金銀出口或不出口而需通過海關關卡者，應持有財政部准運護照，在內地運送者，應持有四行收兌金銀處或各地四行分支行處填發的運送金銀證明。人民以金銀類兌換法幣，應該送交距離最近的收兌銀行或代兌所兌換。這些規定在一定程度上減少了法幣及金銀的流失，但是效用不大，因為很多規定並沒有被嚴格執行。比如許多民眾私自攜帶的法幣都超過限額，但是很少有人被查獲。

到了一九三九年左右，由於法幣逐漸貶值，日本開始改變策略，排斥法幣、推行偽幣。一方面在淪陷區禁用法幣，使困居大後方的國民政府無法運用法幣收購淪陷區的物資，同時又以其收存的法幣搶購大後方物資。國民政府最不願意看到的事情就這樣發生了。一九三八年六月起，日本下令禁止法幣在華北流通，並令從一九三九年三月起，法幣一律換取偽鈔，逾期禁止使用。此外，他們還大量偽造法幣，強制法幣貶值，以擾亂中國金融，破壞中國經濟。日本還在一些城市建立了「物資推廣部」，誘使奸商偷運大後方的重要物資，於是被利益驅動的奸商將從敵區搶購而來的必需品如棉紗、布匹、西藥、零件乃至五金、汽油，又重新運回淪陷區資敵。這對日本來說，可謂一舉兩得的好事，一方面可以補充物質，損耗國民政府；另一方面，可以將它存留的大量法幣投入大後方，造成通貨膨脹的惡果。

其間，國民政府也曾經取得了一些小的勝利。比如一九三九年年中，日本看到法幣外匯市場穩定是以犧牲平衡準備基金為代價的，曾經集中一億元法幣向外匯黑市衝擊。為了對付日本這個強大金融攻勢，國民黨政府改變穩定外匯的政策，宣布黑市外匯價格開始波動，使英鎊匯價不斷往下跌，由八便士多一直降到三至四便士，使日本套取外匯的力量打了很大折扣。號稱擁有五千萬元資本的偽華興銀行，在這個打擊下，其巧取的法幣資本突然減值一千二百餘萬元。日本在中國各地無恥走私所得的大量法幣，也因為匯率下跌而大貶其值，日本在上海的銀行也因此而大大削弱了力量。

但是整體來說，國民政府對於日本輸出法幣搶購物資的反應還是不夠迅速，直到一九四三年才正式明令禁止法幣內流，取消限制法幣外流，但這個時候已經晚了，巨大的損失已經造成。後來，美國也在評估報告中寫道：「日人已經使用相當可觀數量之法幣，據稱尚存有二十億元之法幣，因之使自由中國之物資匱乏而通貨膨脹。」日本基本上達到了「以戰養戰」的戰略目的。

注：資料顯示，抗戰初期估計法幣每年流出數額為二億至六、七億之間，數額非常驚人。

第十一章

世界大戰背後的「經濟戰爭」

縱觀人類歷史，很多衝突與戰爭的根源其實都是經濟利益，「當貨物不能越過邊界，士兵就會越過邊界」。經濟利益衝突也是導致第二次世界大戰爆發的原因之一，而戰爭也從頭至尾貫穿經濟的因素。比如在兩次世界大戰中，英國對德國發起了經濟貿易戰，並最終憑藉發達的海外貿易網、雄厚的工業和經濟實力，沉重地打擊了德國的經濟，客觀上加速了戰爭的過程。

硝煙背後

歷史學界有一種觀點：第一次、第二次世界大戰的爆發都不是偶然的或純粹政治性的，眾多領域的經濟競爭使列強矛盾重重，而這種經濟上的敵對又進一步導致了政治和軍事上的敵對以及劇烈衝突。

我們可以找到事實來佐證這種觀點。在第一次世界大戰爆發前，歐洲大多數國家都捲入了貿易戰，比如一八八八年到一八八九年義大利和法國的貿易戰、一八七九年到一八九四年俄國和德國的貿易戰、一九〇六年到一九一〇年奧地利和塞爾維亞的貿易戰，列強圍繞著外國市場的佔有率和關稅問題「大打出手」，最後在發現貿易戰無法徹底改變勢力平衡的情況下，第一次世界大戰爆發了。

在兩次大戰前後發生了哪些貿易戰和貿易摩擦呢？我們不妨來瞭解一下。

首先是關稅之爭。在貿易戰中，關稅壁壘是最常見的手段，資本主義國家歷來重視利用關稅抵制外國商品進口或是懲罰競爭對手。當各國之間相互提高進口稅率，就形成了「關稅戰爭」。

在第一次世界大戰之前，具體來說是十九世紀末期，歐洲的關稅戰爭曾經打到不可開交，十九世紀晚期的法義貿易戰、法德貿易戰，其主要形式都是關稅戰爭。到第一次世界大戰後，各國的關稅稅率都因為之前的對抗而有了較大幅度的提高，比如德國提高二九％，法國提高二八％。等到一九二九年資本主義世界經濟危機爆發後，關稅戰更是立刻擴大化，從美國開始[注]，多種關稅立刻被提高，並且因此產生了連帶效應，各國的衝突也不斷被激化，最終導致世界大戰。

除了提高進口稅率之外，各國還採取了其他的保護性措施。比如法國實行了「輸入限額制」，對進口商品實施配額制，多達一千一百多種商品被納入進口配額管理中。德國退回到「以貨易貨」的貿易制度中，以德國的商品換取自身所需的其他國家商品，不收付現金。這些極端的貿易保護措施也相繼被其他各國仿效，關稅壁壘戰爭事實上帶來了世界性的商業衰退。

傾銷戰[注]也是這個時期的一種貿易戰形式。因為各國紛紛設立關稅壁壘，就形成了嚴重的商品過剩，有些國家甚至因此財政告急。為了擺脫這種窘境，一些國家就打起了「傾銷戰」的主意。在這場傾銷戰中，日本和德國的表現最為突出和典型。

二十世紀三〇年代，日本到處尋找市場傾銷過剩產品。日本的棉紡織品大量在中國和印度，甚至英國本土銷售，作為老牌棉紡織品出口大國的英國很快就被日本反超。英國一項調查顯示，當時用絲綢手帕的人十有八九都是用日本貨；每四個人之中，就有三個人使用日本傘。日貨的猛烈傾銷，招致了世界性抵制日貨運動，美國、比利時、希臘、土耳其實行輸入許可證制以阻止日貨傾銷。一九三三年，日本報導說：「英國對日本商品中之鐵製品、橡膠製品、磁陶品、絲及絲織品、染料、帽，提高關稅以為抵制。英領印度對日本之人造絲織品、棉織品、手巾、棉絲等二十種物品提高關稅，十月十日，日印通商條約將完全失效。澳洲、馬來聯邦、英領東非和西非、南非聯邦、馬爾他島、埃及等地，均提高關稅，阻止日貨或是廢止通商條約。」日本也進行了貿易報復，而不斷升溫的貿易報復加速了日本進行法西斯侵略的步伐。

德國背負沉重的債務，無法像日本一樣到處傾銷商品，但是為了重整軍備又必須加大出口貿易，因此德國實行了出口津貼制。德國輸出的煤，價格比國內低三〇%；向荷蘭傾銷的洋灰，低於國內價格的三分之二，這些都得到了政府的津貼。

「二戰」前後，還有一種貿易戰形式值得我們關注，那就是貨幣戰。二十世紀三〇年代以前，還沒有真正的「貨幣戰爭」的概念，各國強調的是努力維持金本位，從來沒有想過以貨幣貶值或者降低匯價作為貿易戰的手段。直到一九二九年經濟危機後，國際金融一片混亂，當時的世界金融中心的英國大量黃金外流，無力維持金本位，英鎊對美元迅速貶值，英國商品的價格也迅速下降，反而刺激了出口，意外地產生了「報復」美國關稅戰的作用。這是一個嶄新的經驗，貨幣戰成為資本主義列強貿易戰的新武器。

注一：此處指《斯姆特－霍利關稅法案》，美國對八百九十種商品提高進口稅率（其中有五十種商品由免稅改為徵稅），結果農產品和原料的平均進口稅率由三八・一%提高到四八・九二%，各種進口商品的進口稅率平均提高約四〇%左右。英國的毛棉織品、法國的絲織品、德國的化學品、瑞士的鐘錶、比利時的水泥、加拿大的木材都未能倖免，高關稅引起了這些國家的強烈不滿，最後演變為關稅報復。參見本書第九章內容。

注二：所謂「傾銷戰」，其實是為了擴大出口、保證壟斷資本家利益的一種手段：一方面，商品在國內市場上保持壟斷性高物價；另一方面，降低出口成本（壓低薪資、貨幣貶值），將商品在國外廉價大拍賣。

「一戰」風雲

戰爭中不只是交戰雙方生死搏殺，貿易戰也延伸其中，本小節我們要講的就是「一戰」中英國對德國的貿易戰，具體形式包括區域封鎖、遠距離封鎖、貿易禁運、打壓馬克幣值，更包括對於中立國貿易的控制。

在「一戰」之前，英國處在全盛時期，是第一大殖民國家，號稱「日不落帝國」，一九一四年佔有的殖民地比本土面積大一百一十一倍。而且作為第一個完成工業革命的國家，當時英國的國民收入約為一一〇億美元，在經濟和貿易方面也排在第一位。英國顯然很清楚自己的優勢所在，決心積極運用經濟貿易手段，及早結束戰爭。當時的英皇喬治五世曾經說過，大英帝國將讓德意志切身感受「燃燒的英鎊」的力量。

一九一四年八月四日，英國正式對德國宣戰，英國政府第一時間就考量了可用的經濟手段。於是，英國除了在戰場上與德國炮火相向以外，還積極地與德國打起了貿易戰。首先，英國政府迅速擬定了一個戰時違禁品清單，要求海軍部配合，共同對德國實施封鎖禁運。在《倫敦宣言》[注]之後，這個違禁品清單又被持續擴大，一些常規貿易商品也被劃入清單之中，比如羊毛、皮革、絲、黃麻、橡膠、礦石，以及各種化學製品。

英國還透過不斷拋售德國股票和收購黃金來刻意擾亂德國的金融秩序。此外，還在鄰近德國的國家丹麥進一步打壓馬克，使其迅速貶值。

到了一九一四年十二月，英國的干擾初見成效，馬克對克朗[注]匯率下降了三、四個百分點。德國當然不能坐以待斃，他們採取了三項對策：第一，向丹麥大量輸入黃金，阻止馬克繼續貶值；第二，增加對丹麥出口商品的種類和數量；第三，為了阻止貨幣滙率下降，德國開始在丹麥拋售票證、股份、公債（這項措施確實在相當長時間內使德國滙率上升）。

除了上述的貿易戰以外，英國還努力控制當時的中立國美國，試圖掐斷美國對德國的貿易輸送。美國當時雖然是中立國，但是由於英國有制海權，美國很難做到真正「中立」，事實上也是如此，美國為協約國提供了大部分軍需、消費品、貸款，並因此賺得盆滿缽滿，在戰後一躍成為最大的債權國。

大戰之初，德美兩國並沒有太大的衝突，可是隨著美國與英法等國的貿易增長，隨著德國從美國獲得支持的希望落空，德美關係迅速惡化。英國為了扼殺德國，在一開始就對德國實行貿易禁運和封鎖，他們在北海佈雷，擴大違禁品清單，甚至連食品和棉花都被列入違禁品名單。此外，為了控制中立國與德國的貿易，英國不僅停止了與德國周邊國家（丹麥、荷蘭）的貿易，還強迫美國船隻進港接受檢查，一旦發現違禁品立刻沒收。

當時的美國總統威爾遜對英國的非法行為提出抗議，但是英國對此好像也不在意，他們一邊透過外交部得體地表達對美國的尊重，一邊繼續自己的搜查。「燃燒的英鎊」也發揮了巨大的作用，英國政府會賠償美國商人的損失，並且高價大量購買美國商品，美國只好默認了英國的行為，英國就這樣切斷了美國與德國的經濟聯繫。

德國對此感到非常憤怒，他們強烈抗議美國這種表面上默認英國行為的態度，把它看作是英國的「斷糧」或「饑餓」封鎖。德國政府認為，英國實際上比德國更依賴於對外貿易。為此，德國發動了「潛艇戰」。

一九一五年二月四日，德國宣布從二月十八日起，英倫三島周圍水域為戰爭區域；德國「將盡力摧毀在這片戰區內發現的每艘敵國商船」，警告中立國國民離開此類船隻，不要再在此類船隻上裝運貨物；並且警告宣稱，由於英國船隻經常懸掛中立國旗，中立國船隻不要進入這個戰區，因為不可避免地針對敵國船隻的魚雷會使中立國船隻成為犧牲品。

一九一七年，德國的潛艇戰又升級為「無限制潛艇戰」。潛艇戰確實產生了阻礙貿易的作用，據統計，德國潛艇共擊沉協約國商船二五六六艘，註冊總噸位為五七三萬噸，其中英國商船佔五分之三，而美國的商船運輸也受到了很大影響，財路被切斷。從戰術上說，德國的潛艇戰確實取得了一些成果；但是從戰略上說，潛艇戰客觀上加深了德美衝突，讓美國更快參戰。

第一次世界大戰打了四年三個月，世界經濟格局甚至發生了比「一戰」本身更為深刻和影響深遠的變化：歐洲國家的經濟因為戰爭受損嚴重，美國卻大發戰爭橫財，並且趁著各國無力控制時拓展對外貿易，從一個邊緣國家成為世界經濟強國。

注一：《倫敦宣言》指一九〇八年十二月四日至一九〇九年二月二十六日的倫敦海軍會議結束時，與會各國簽署的海戰法宣言，簡稱《倫敦宣言》。《倫敦宣言》的規則有利於中立國和小海軍國保護中立貿易，在戰爭時期有利於德國，因此英國議會拒絕批准《倫敦宣言》，這也是在美英兩國之間展開《倫敦宣言》之爭的根源所在。一九一四年十月底，英國正式制定新的樞密院令，在對《倫敦宣言》做了本質上的修改和補充後宣布接受。

注二：一八七三年，丹麥採用十進位，並與挪威和瑞典共同推出一種以黃金為基準的新貨幣單位，名叫克朗或者克羅那。

財富較量

一九三九年，第二次世界大戰爆發了。「一戰」中，英國曾經利用海上封鎖式「貿易戰」幫助協約國取得了最後的勝利，有了之前的經驗，這次再重新運用起來更加得心應手。這一次，英國成立了經濟作戰部，對德國貿易戰的主要手段包括經濟封鎖、貿易禁運、戰略搶購。

貿易戰是英國對德國的既定戰略，也是「二戰」正面戰場外的「第二戰場」，關於經濟封鎖和貿易禁運，這裡就不再多說了，這個時期英國的封鎖思路非常清晰，主要是控制三類貨物的通過：德國來自海外產地的進口貨、德國從毗鄰中立國進口的當地產品或製成品、德國的出口貨。

「二戰」開戰後僅僅六週，英國經濟作戰部就取得了許多成果：截獲並扣押禁運物資三三・八萬噸，其中包括石油產品、鐵礦石等各類礦石、乾椰肉、油菜籽。一九三八年，德國全年共進口六二六一・九八萬噸貨物，而貿易戰開打之後的一九三九年，德國的海外進口幾乎減少一半。大批運往德國的物資都被英國攔截，德國國內食品、紡織纖維、皮革、礦物油、橡膠、各種工業用礦石嚴重短缺，工業原料供應困難還直接影響到了德國的工業生產。此外，封鎖還導致一三六・五四萬噸高品質的鋼鐵產品無法為德國出口創造外匯，鋼鐵工業的生產計畫落空；煤、化學產品、石材、黏土的出口也受到封鎖的影響，德國損失了巨額的外匯收入。

在巴爾幹和東南歐地區，英國還加緊了與德國的戰略搶購。比如在南斯拉夫，英國和南斯拉夫達成協議，南斯拉夫給予英國重要礦產的有限購買權，而英國的回報是給予南斯拉夫三項優惠政策：第一，向南斯拉夫提供其所需的原料；第二，同意給南斯拉夫定量配給，英國保證繞過禁運品檢查，向南斯拉夫提供限額的供應物資，而南斯拉夫保證這些供應物資不會被出口到歐洲任何地區（防止流入德國），南斯拉夫還同意限制對德國的大豆出口；第三，英國可以經由為與巴爾幹國家進行貿易設置的聯合王國商業公司，向南斯拉夫等國家出口黃麻、香蕉、原棉、棉織品、錫、茶葉、咖啡等商品。

英國在土耳其的貿易戰略搶購也獲得了成功，後者原本一直與德國有密切的貿易關係。「二戰」爆發後，土耳其在英國的壓力下，縮減了對德國的羊毛、橄欖油、礦石、棉花等貨品的出口。

鐵砂作為鋼鐵的原料，對於維持德國戰爭機器的運行有重要作用，而德國一直從瑞典進口鐵砂，數量巨大，甚至呈現逐年遞增趨勢。英國也注意到這一點，一九四〇年一月十九日，英國外交大臣哈利法克斯對瑞典駐英國公使布約恩・普呂茲表示，盟國願意針對幫助瑞典抵抗德國的入侵問題進行磋商，但瑞典害怕德國的報復而拒絕了盟國提出的切斷對德國鐵砂供應的建議。英國作戰經濟部繼續與瑞典進行談判，最後簽訂協定，要求瑞典控制對德國出口鐵砂的數量，不過這個協定顯然沒有真正發揮作用，很難瞭解瑞典到底向德國出口了多少鐵砂，但是瑞典從德國獲得了三七・三噸黃金的報酬。儘管在瑞典遭遇了失敗，但是整體來說，英國的戰略搶購還是比較成功的。

戰略搶購的成功，與英國有效使用經濟手段、透過外交博奕控制中立國貿易是分不開的。其中，英國做了非常多的工作。在「二戰」一開始的時候，德國就宣布，所有中立國與其他國家的經濟關係若有任何單方面的改變而損害德國的利益，都會被德國政府視為破壞中立的舉動，它們也不再被德國看作中立國（會遭到德國入侵）。這種武力威脅對低地國家來說是非常可怕的，以荷蘭為代表的傳統中立國對此非常擔心，而英國也對中立國頒布了禁令——所有在敵國港口裝船的貨物都被視為敵方物資，英國海軍將予以沒收。

在這樣的情況下，有些中立國家對英國漫天要價，希望從英國那裡獲得更大的優惠和補償，另一些國家也消極應對，積極「反封鎖」，故意對運往英國的貨物拒絕或拖延簽發出口許可證。無奈之下，英國不得不做出讓步：在一九四〇年一月一日前裝運的貨物都不再追究；一些商品因為「特殊情況」不列入禁運品範疇的清單，其中包括醫用和救濟或是用於人道主義目的的貨物，與輸入國經濟命脈息息相關的商品也包括在內。

除了禁令之外，英國為了拉攏中立國，也對中立國因為貿易戰而受到的損失進行了彌補，方式包括給予貸款、增加對它們的進口、允許中立國輸入必要物資等措施。對包括西班牙、葡萄牙、義大利在內的親德中立國，英國提供了「有條件援助」，儘量減少他們與德國的經濟貿易聯繫。

到了一九四〇年七月，歐洲大陸淪陷，在正面戰場上，英國正處於最艱難的時期，但是在貿易戰場上，英國卻取得了巨大的勝利。在一份作戰經濟部的報告中，我們可以看到這樣的樂觀預測：「……時間將會站在盟國一邊。這不僅因為盟國事實上能夠充分動員其優勢力量，也因為封鎖的效果將逐步顯現。」

最後，跟大家分享一個「二戰」期間的趣聞軼事——英國和德國曾經發生小規模的「貨幣戰爭」。德國在「二戰」中曾經大量偽造英鎊，試圖擾亂英國經濟，這被稱為「伯恩哈德」行動。黨衛軍軍官伯恩哈德從猶太犯人中找出一四二名造幣高手組成「伯恩哈德小隊」，這些造幣高手享受「吃得飽，穿得暖，可洗澡，有週末」的生活，唯一的任務就是做假鈔。在納粹機器的操縱下，「伯恩哈德小隊」刻製印刷範本，仿製印鈔專用紙，成功破解英格蘭銀行的貨幣編碼，終於製出了以假亂真的英鎊。納粹間諜曾經拿去瑞士銀行檢測，發現無論是瑞士銀行還是英國銀行，都認定這是真英鎊。

就這樣，假英鎊被運到義大利，經過「洗錢」以後，購買戰略物資和支付間諜經費，直到一九四三年才有英國銀行識破假英鎊，並且引起英鎊的信任危機，造成了恐慌。戰爭臨近結束時，市面上仍然有大批「伯恩哈德假幣」在流通，由於真假難辨，英格蘭銀行不得不將面額五英鎊以上的鈔票全部回收銷毀，並發行新版英鎊鈔票。這可能是「二戰」貿易戰中德國最大的成功了。時過境遷，現在一套「伯恩哈德假幣」已經被炒到數千英鎊，成為收藏品了。

一第十二章一

美蘇貿易戰之糧食大戰

「二戰」後，美國和蘇聯成為世界的「兩極」，開始了漫長的爭霸戰。在此期間，貿易成為美蘇關係的晴雨計，在美蘇關係好轉時，美蘇貿易有所回暖；在美蘇關係惡化時，美蘇貿易戰就會爆發。美國針對蘇聯經濟結構與體制的弱點，經過精心的策劃，把糧食與石油作為貿易戰的重點領域進行突破，最終蘇聯的大廈轟然倒塌。

麵包依賴

「二戰」結束後，美國迅速從戰時經濟轉向和平經濟，迎來了發展的黃金時期。彼時，美國已經成為事實上的世界經濟領袖注——擁有資本主義世界工業生產的一半，外貿出口的三分之一，黃金儲備的四分之三。不僅如此，美國還成為世界上主要的糧食出口國，而美國龐大的糧食出口量與它的自然環境有密切關係，美國的耕地面積達二十八億多畝，佔國土總面積的二〇%以上，佔世界耕地總面積的一三%。其土質極好，有機質含量極高，特別適宜農作物生長。糧食對於民生的重要性不言而喻，戰後的美國一直將糧食貿易作為外交手段打壓競爭對手，季辛吉曾經公開宣稱：「如果你控制了石油，就控制了所有國家；如果你控制了糧食，就控制了所有人。」於是，美國人經常在糧食價格方面漫天要價，讓老對手蘇聯既無奈又無法擺脫對美國的「麵包依賴」。

二十世紀七〇年代是蘇聯歷史上的鼎盛時期，蘇聯政局穩定，經濟高速發展數十年，已經成為超級大國，與美國的軍事爭霸進行得非常順利，居民生活水準也有顯著提高。然而，就在這個時期，蘇聯卻多次出現嚴重的糧食危機。

擁有全世界最多耕地的蘇聯為什麼會遇到糧食危機?其中的原因很複雜。事實上,直到二十世紀初,俄國一直是世界上最大的糧食出口國,佔據了世界糧食出口總量的四五%。後來為了工業化,史達林開始進行強制性的集體農莊和國營農場,土地、生產工具、牲畜公有化,結果是農民寧願殺掉牲畜,也不願無償地交給集體農莊。

從一九二八年至一九三三年的集體農莊推行期,蘇聯的耕牛從三〇七〇萬頭下降到一九六〇萬頭,羊從億隻劇減到五千萬隻,馬從三三五〇萬匹降到一六六〇萬匹,農民的生產積極性受到嚴重挫傷。從此之後,糧食產量逐年下降,儘管到了六〇年代,蘇聯加大了農業投資,但是產量卻一直不高,糧食安全成為蘇聯的弱點。此外,蘇聯長期以來注重以國防工業為代表的重工業,「要大炮不要奶油」造成了其他產業特別是農業發展嚴重落後。

二十世紀六〇年代的統計資料顯示,蘇聯的糧食產量甚至不及「二戰」前的一半,儘管當時的蘇聯政府不斷向民眾宣傳,蘇聯的牛奶和奶油產量很快就會超越美國,但實際情況卻是糧食匱乏。因此,早在六〇年代,蘇聯就被迫從加拿大等西方國家進口大量糧食。

一九六三年,蘇聯從美國進口了一千二百萬噸糧食,而美國迫使蘇聯向其低價出口石油。其後,由於美國對糧食出口做出了諸多限制,兩國的糧食貿易基本上處於斷流狀態。

但是進入七〇年代後期,糧食危機頻頻爆發,蘇聯領導人被迫公開承認國內糧食供應不足,並許諾增加糧食生產。蘇聯採取了多項措施,比如鼓勵開墾荒地以增加糧食產量,並付給在荒地上耕作的農民較高的薪資，但是糧食只有少量增加，對於蘇聯糧食的巨大缺口來說，無異於杯水車薪；嘗試透過購買價格不菲的農耕機具和聯合收割機及其他裝備來提高農產量，停止將糧食和穀物輸出到東歐附屬國家，但是糧食問題依然沒有得到解決。

一九七二年，由於連續遭遇極端氣候，蘇聯糧食大量減產，麵粉和白麵包已經無法按照需求供應，為了擺脫糧食危機，蘇聯只好試著從老對手美國那裡加大糧食進口。

注一：為挽救西歐瀕臨崩潰的經濟，將西歐各國置於自己的控制下，並將其變為反蘇的基地，美國提出了「馬歇爾計畫」。一九四七年六月五日，美國國務卿喬治．馬歇爾在哈佛大學發表演說，首先提出援助歐洲經濟復興的方案。他說，當時歐洲經濟瀕臨崩潰，糧食和燃料等物資極度匱乏，而其需要的進口量遠遠超過它的支付能力。如果沒有大量的額外援助，就會面臨性質非常嚴重的經濟、社會、政治的危機。他呼籲歐洲國家採取主動，共同制定一項經濟復興計畫，美國用其生產過剩的物資援助歐洲國家。一九四七年七月至九月，英、法、義、奧、比、荷、盧、瑞士、丹、挪、瑞典、葡、希、土、愛爾蘭、冰島十六國的代表在巴黎開會，決定接受馬歇爾計畫，建立了歐洲經濟合作委員會，提出了要求美國在四年內提供援助和貸款二二四億美元的總報告。一九四八年四月，德國西部佔領區和第里雅斯特自由區也宣布接受馬歇爾計畫。一九四八年四月三日，美國國會通過《對外援助法案》，馬歇爾計畫正式執行。計畫原定期限五年（一九四八年至一九五二年），一九五一年底，美國宣布提前結束，代之以《共同安全計畫》。美國對歐洲撥款共達一三一．五億美元，其中贈款佔八八％，餘為貸款。

「糧食劫案」

一九七二年對蘇聯來說是一個糟糕的年頭，農業嚴重歉收，出現了規模空前的糧食危機。按照美國一貫的「糧食戰略」，蘇聯想要從美國大量進口糧食，必然付出巨大的代價。於是，蘇聯發動了一場「暗戰」，最終成功地以最小的代價從美國搶購了大批糧食。

其實，之前美國就聽說了一些蘇聯減產的消息，但是蘇聯卻對外宣稱當年可能是蘇聯近二十年來最大的豐收年，美國不可能隨意相信對手的新聞宣傳，但奇怪的是，他們從衛星照片上看到的情況也是這樣——蘇聯的麥田一片金黃，風吹麥浪，到處是豐收的喜人景象。一些奉命考察蘇聯糧食產量的間諜傳回的消息也是如此，他們在蘇聯的各個產糧區都看過了，到處都是金燦燦的麥田，蘇聯確實迎來了一個豐收年。

畢竟是一筆大宗生意，關係到美國的出口戰略，因此美國政府還是不放心，擔心蘇聯作假，於是他們決定派官員實地考察。當美國的考察人員抵達蘇聯糧食主產區黑海沿岸時，看到的同樣是一望無際的金黃色麥浪，於是向農業部門發出秘密電報：「蘇聯糧食豐收，建議迅速拋售倉庫的糧食。」再次確認以後，美國已經不再懷疑，於是迅速調整了國內農業生產與出口對策，而蘇聯此時已經派出代表團前往美國，準備大量搶購美國糧食。

為什麼蘇聯的糧食產量能瞞過美國人呢？原來，由於小麥品種及氣候的原因，蘇聯的麥子雖然看起來穗大飽滿，但實際上大部分顆粒都是中空的，實際產量極低。

由於確信蘇聯糧食即將迎來大豐收，美國糧食市場出現了巨大波動，小麥價格跌入近幾年來的低谷，囤積了大量糧食的糧商們開始迫不及待地低價拋售庫存。蘇聯派出的秘密採購員們趕上了大好時機，他們迅速與美國糧商展開了秘密交易，小麥、大麥、玉米、燕麥、黑麥、大豆都在他們的採購之列。

一九七二年七月，白宮對外宣布，美國政府已經與蘇聯簽訂了一項七・五億美元的信用貸款協定：蘇聯同意在今後三年內購買價值七・五億美元的美國穀物，美國同意隨時提供五億美元的貸款專供蘇聯之需。但實際上，蘇聯已經在暗地裡搶購了一千八百萬噸美國小麥以及其他雜糧。與蘇聯採購商交易的美國公司是「大陸穀物公司」，雙方在希爾頓飯店達成了秘密協定，蘇方同意採購四百萬噸小麥外加四百五十萬噸飼料穀物，而「大陸穀物公司」負責遊說美國農業部，透過政府補貼等手段維持先前的糧食價格。接下來，「全蘇糧穀」又秘密與另外幾家美國糧商達成協議，簽訂了一筆又一筆大合約。於是，當美國政府還以為蘇聯是在採購飼料穀物時，蘇聯其實已經以非常低的價格買走了美國三分之一的糧食，並獲得了美國政府的農業補貼，美國因此少賺了三十億美元。

到了收穫季節，蘇聯的真實產量曝光，讓美國人既氣憤又尷尬。這還不是最糟的，最糟的是由於蘇聯買走了美國的大量糧食，美國的糧食庫存嚴重下降，當年小麥的價格翻倍上漲，連帶玉米和大豆價格也翻倍了。為了舒緩國內糧價上漲幅度過大的問題，美國甚至不得不發布了大豆出口禁令。這場「糧食劫案」帶來的影響不止如此，美國的豬肉和牛肉價格也上漲了三六％以上，同時帶動世界各國糧食價格上漲了五〇％。

這一戰，蘇聯大獲全勝，過了幾年，蘇聯又把這個戲法玩了一次，美國再次中招。

一九七七年，蘇聯農業專家接連在報紙上發表文章，宣稱當年是一個豐收年。蘇聯人還帶著美國農業部的巡視員去農莊看玉米和小麥的良好長勢，後來美國巡視員才知道他們看到的都是「特例」。我們不能說美國沒有吸取教訓，因為美國在一九七二年之後就規定，以後蘇聯從美國進口糧食，不但要保證每年至少購買六百萬美元的糧食，而且如果購買量超過八百萬噸，必須及時向華盛頓如實彙報，登記備案。但是這種嚴密防範並沒有發揮什麼作用，蘇聯一方面透過正式管道從美國購買了一定數量的糧食，另一方面派代理商從美國糧商在美國的辦事處那裡進行了大量糧食交易。此外，蘇聯從加拿大、澳洲、印度等國進口了所需的各種糧食。這樣一來，在美國還沒有察覺的時候，蘇聯已經基本完成了當年的糧食購買計畫。

到了一九七七年底，蘇聯領導人宣布農業歉收，當年的產量是幾年來的最低值。但是這時，美國已經沒有什麼操作餘地了，由於大規模購入了所需糧食，蘇聯已經成功地解決了眼前的糧食危機。

雖然蘇聯曾經兩次躲過了美國的「要脅」，成功地購買到了所需的糧食，但是蘇聯的糧食危機並沒有真正得到解決。而且依靠對手來供應糧食，本身就是一件危險的事情，如果美國真的將糧食貿易作為反制手段，就可能帶來巨大的危機。

糧食禁運

美國前農業部長約翰・布洛克曾經說過：「糧食是一件武器，用法就是把各國繫在我們身上，他們就不會搗亂。」進入二十世紀八〇年代後，美蘇關係越來越緊張，正常的貿易往來也帶有越來越濃厚的政治色彩。

一九八〇年一月四日，卡特政府為抗議蘇聯武裝入侵和佔領阿富汗，宣布對蘇聯採取部分糧食禁運，只提供協定中規定的八百萬噸，取消了額外增加的一千七百萬噸額度，卡特政府企圖以此來迫使蘇聯從阿富汗撤軍。為了達到目的，美國與歐盟、加拿大、澳洲等其他糧食出口國達成攻守聯盟，決定共同採取行動，停止供貨的合約。這不是美國第一次用糧食來打貿易戰，我們可以從歷史上找到很多例子。比如一九七〇年阿葉德當選智利總統後，美國立即減少了對智利的小麥出口，同時還阻止國際機構向智利貸款，致使智利國內出現動盪，政局不穩。一九七三年阿葉德總統被推翻以後，美國立即恢復了對智利的糧食出口。一九六五至一九六七年美國因為不滿印度的農業和人口及匯率政策而中斷實施向印度提供糧食的協議；一九七三年美國以一萬噸糧食為籌碼，迫使面臨嚴重糧食危機的埃及政府接受季辛吉和平計畫……總之，糧食禁運和糧食貿易戰遠比我們想像中發生的頻繁，從二十世紀五〇年代到八〇年代初，全世界共發生十次糧食禁運，其中八次禁運是由美國發起的。

當我們再回頭看時，就會發現美國一直試圖聯合世界主要糧食出口國創建一個國際性壟斷組織，透過操縱糧食價格及出口量來掌控或打擊目標國家。比如對蘇聯，美國不僅聯合一些國家迫使蘇聯簽署糧食供應長期合約，還曾經利用糧食禁運對蘇聯進行制裁。

一九七九年底，蘇聯入侵阿富汗，美蘇爭霸開始進入高潮，兩國關係再次轉冷。除了在高端技術、農產品、軍事設備、電子、通訊、化工、機械、自動化設備等領域對蘇聯實行禁止貿易、出口配額、中止投資等嚴厲政策以外，美國還對蘇聯進行了糧食禁運，卡特總統仍然試圖用「餓迫使蘇聯人屈服」。

一九八〇年一月四日，卡特政府宣布對蘇聯實施糧食禁運，中斷一千七百萬噸糧食貿易的出口合約。但是出乎美國人意料的是，這次的糧食禁運並沒有達成他們想要的效果，反而打擊了美國國內的農場主。這是怎麼回事呢？

我們先說外部。美國雖然拉攏歐盟和澳洲等一些國家組成統一陣線，但是這個陣線並不牢固——各國對美國陽奉陰違，在蘇聯開出的高價收購攻勢下，不肯錯過一樁買賣。加拿大和澳洲等國都在美國開始糧食禁運後又繼續向蘇聯追加糧食銷售，甚至美國國內的糧商都在透過各自的海外分公司將糧食轉出口到蘇聯。最終，糧食禁運的效力連一年都沒到，統一陣線就在事實上分崩離析。

美國國內的形勢也很不妙。美國本身是糧食出口大國，政府突然宣布禁運，美國農場主種出的糧食賣給誰？各個糧商庫中的糧食又賣給誰？大糧商們已經簽訂了數額巨大的糧食期貨合約，而禁運讓他們如何持有這些合約？對於已經簽訂的合約，糧商與銀行如何處理？總之，在糧食禁運後，美國糧食市場出現了巨大的混亂。

還有一個最直接的後果，卡特總統因為自己的糧食禁運政策在連任競選中敗給了雷根。大選中，雷根猛烈抨擊了卡特政府的糧食制裁政策，他認為糧食禁運對蘇聯這樣的大國根本沒有作用，反而嚴重損傷了美國農場主的利益，他承諾一旦當選就結束糧食禁運。於是，大量美國農民的選票轉向雷根。

一九八一年四月，雷根入主白宮，幾個月後便宣布解除禁運，終結了這次歷史上最大規模的糧食貿易戰，同時開始了新型對蘇聯戰略，逐漸對蘇聯實行糧食貿易自由化，加深蘇聯對外部世界的糧食依賴，最終將蘇聯捲入西方的貿易體系中，逼得蘇聯在油價下跌的時代拼命開採石油賺取外匯以購買糧食，最終大大加速了蘇聯的終結。

一九八九至一九九〇年全球農業歉收，穀物（尤其是小麥）價格上揚，讓本來就負擔沉重的蘇聯雪上加霜。負債達六百七十億美元的蘇聯開始無法如期付款給進口糧食的外國供應商，導致很多糧食進口中斷。在國內，人們為了購買蔗糖、奶油、米、鹽和其他基本食物而在商店前排起了長隊。

結果導致蘇聯的各個共和國紛紛鬧起了獨立，最終造成了社會動亂和蘇聯瓦解。我們不能說是糧食貿易導致了蘇聯解體，因為還有許多其他因素，但若說蘇聯是在糧食危機中解體確實是沒有錯的——食品的短缺引起了社會的不滿，並轉化成對政府的否定和不信任。

還要指出的是，貿易戰從來都是雙刃劍，在殺傷別人的時候也會刺痛自己。美蘇糧食貿易戰中，不僅蘇聯利益受損，美國其實也遭受了巨大的經濟和外交損失。從經濟上說，美國對蘇聯禁運使得國內糧食行業受損明顯；從外交方面，美國強制要求歐盟和澳洲等協力廠商國家禁止或限制向蘇聯進口損害了相應第三國的利益，也引起了這些國家對美國霸權主義的反感。

第十三章

美蘇貿易戰之石油危機

一九八一年雷根總統入主白宮後，將原本的美蘇貿易戰進一步升級改造，一方面用「星際大戰」計畫把蘇聯引上與美國進行軍備競賽的快車道，從經濟上消耗蘇聯國力；另一方面進行了石油貿易戰，使世界石油價格低位運行，切斷蘇聯軍備競賽所需資金來源，徹底拖垮了蘇聯經濟。在這個過程中，美國藉助波斯灣戰爭和蘇聯的解體最終實現了中東石油霸權。

石油美元

在前一章中，我們談到了美蘇的糧食貿易戰，美國利用貿易戰給蘇聯挖了一個大坑——「石油換糧食」：二十世紀八〇年代，蘇聯的主要進口項目就是糧食和食品，蘇聯向資本主義國家出口石油收入的大部分實際上都用於購買穀物和食品，而蘇聯只能在石油－美元－糧食這樣的循環中輾轉，一旦其中一環出現了問題，就會導致整個貿易鏈條的崩潰。

糧食問題一直是蘇聯的死穴，從二十世紀六〇年代起，不得不依靠大量進口糧食才能滿足國內所需，這樣一來就需要大量的美元。最初，蘇聯曾經被迫用黃金儲備換糧食（一九六三年曾經動用國家三分之一的黃金儲備進口糧食），但是再多的黃金儲備也無法支撐這樣大量長期的糧食進口，幸好一九六五年蘇聯政府在西伯利亞陸續發現了大批油田，這些油田石油儲量豐富，多為自噴井，出油量高。

更幸運的是，蘇聯還搭上了高油價時代[注]的快車，油價一再上漲，從每桶不到三美元暴漲至十三美元，蘇聯賣石油賺外匯賺到手軟，國庫一下子充盈起來。讓蘇聯頭疼的問題就這樣解決了——出口石油不但讓蘇聯擁有了進口糧食的充裕資金，而且讓蘇聯有了跟美國爭鬥的信心，於是也就有了「美蘇爭霸」。

這是屬於蘇聯的輝煌歲月。受到石油紅利的刺激，蘇聯一九七〇至一九八六年對石油天然氣工業的投入提高了一至二倍，而對西伯利亞油氣工業每投入一盧布，三年就可以收回三十至四十盧布的高額利潤。

建立在石油美元基礎上的虛假繁榮，穩定助長了低效僵化體制的發展，石油大量出口換取外匯，蘇聯的經濟狀況不用任何改革就得到了改善，還可以大量購買外國先進設備和消費品，居民生活水準也得到了提高。但是石油美元更加助長了蘇聯與美國爭霸的野心，後來有人統計了蘇聯二十世紀八〇年代對第三世界國家提供經濟和軍事援助的驚人數字：每天三千五百萬美元！全年累計高達一二八億美元（不包括蘇聯對東歐衛星國的援助）。其中每年援助亞洲的越南三十五億美元、拉丁美洲的古巴四十九億美元，尼加拉瓜十億美元、非洲的安哥拉、莫三比克、衣索比亞三十億美元。當時，蘇聯大多數人都非常樂觀，他們雖然不會天真地認為石油價格會無限制地上漲，但是普遍認為油價上漲到一定程度後會穩定下來，蘇聯的石油在相當長的時間裡會給他們帶來源源不斷的「美元」，於是全國上下沉浸在一片樂觀的期許中。

但是情況真的這麼樂觀嗎？

首先，在繁榮的石油貿易背後隱藏著一個事實，那就是蘇聯的經濟結構完全是扭曲的，蘇聯的所謂強勢經濟僅靠軍工和石油資源支撐，輕工業聊勝於無，糧食依賴於進口。於是，蘇聯經常會出現這樣滑稽的一幕：一邊是可以稱霸世界的坦克大軍，一邊是等待麵包的饑餓人群，而石油是唯一的救星，解決蘇聯糧食問題的靈丹妙藥。西伯利亞的石油開採企業經常會收到蘇聯部長的電報請求，內容大概是：「急需麵包，計畫外再多開採一些石油吧！」

其次，儘管蘇聯是當時的主要產油國，但並不掌控石油定價權，而世界石油市場的價格又嚴重影響蘇聯經濟的生存能力——石油價格每桶增加一美元，就意味著克里姆林宮獲得大約十億美元的外匯，反之石油價格下降意味著收入減少，嚴重的資源依賴也暗藏著巨大的風險。

美蘇的石油貿易以一九七〇年作為轉捩點。之前，美國是原油淨出口國，而蘇聯原油產量極低，開採技術落後，是一個原油淨進口國。其間，美國利用「巴統」[注]限制對蘇聯的原油出口及石油設備供給；之後，世界石油危機爆發，蘇聯在此時躍升為世界第一大產油國，而美國卻逐漸轉變為原油淨進口國，於是就形成了前文所說的石油換糧食的常態貿易，而緊張的美蘇關係也因此獲得了一定的緩和。

但是在這個期間，雙方圍繞著貿易的明爭暗鬥也沒有停止：一九七五年，美國曾經試圖藉著蘇聯的糧食危機，將廉價原油進口與農產品出口綁定，但蘇聯最終迫使美國讓步，美蘇之間達成每年六百至八百萬噸的農產品貿易協定。

注一：二十世紀七〇年代初期到二十世紀八〇年代，世界油價多次出現飆升，進入高油價時代。

注二：全稱是「輸出管制統籌委員會」，是一九四九年十一月在美國的提議下秘密成立的，因其總部設在巴黎，通常被稱為「巴黎統籌委員會」。這是第二次世界大戰後西方發達工業國家在國際貿易領域中糾集起來的一個非官方的國際機構，其宗旨是限制成員國向社會主義國家出口戰略物資和高新技術。列入禁運清單的有軍事武器裝備、尖端技術產品、稀有物資等三大類上萬種產品。「巴統」有十七個成員國：美國、英國、法國、德國、義大利、丹麥、挪威、荷蘭、比利時、盧森堡、葡萄牙、西班牙、加拿大、希臘、土耳其、日本、澳洲。

逆向衝擊

二十世紀七〇年代，蘇聯透過石油出口極大地改善了自身經濟狀況，但是高油價也導致了發達國家的經濟衰退，各個國家紛紛調整能源政策，降低石油消費，其中就包括美國。在這個時期，美國在美蘇爭霸中也被迫處於守勢。因此，無論是出於政治還是經濟上的原因，國際能源市場都在醞釀著變局。

一九八一年，雷根總統入主白宮，這位二流演員出身的總統卻是美國歷史上出名的強勢總統，他對美國傳統上的對蘇聯政策很不滿意，並提出了新觀點：「冷戰前三十年，美國一直遵守遊戲規則，沒有越過雷池半步。但這種尋常手段無法贏得冷戰競賽，美國必須揚長避短。」正所謂「新官上任三把火」，雷根的三把火燒得很不一般：第一，雷根在美國進行各種恢復市場和放鬆政府管制與私有化的活動，掀起了一場「新保守主義」的風潮；第二，雷根提出了「星際大戰」計畫，希望經由新一輪的軍備競賽拖垮蘇聯[注]；第三，雷根決定打擊蘇聯可以換取外匯的領域，徹底搞垮蘇聯經濟。

美國中央情報局受命對蘇聯經濟格局做了分析，他們準確地抓住了蘇聯的「命脈」——石油貿易。如果國際石油價格下降，蘇聯出口換取外匯的能力和外匯儲備也會隨之下降，主權風險就會增加。再加上在與美國進行耗資巨大的軍備競賽，蘇聯會很快耗盡它的實力。

計畫定下了，之後就是實施問題了，應該從哪裡入手呢？

之前我們說過，蘇聯不掌控國際石油的定價權，在二十世紀八〇年代，能對國際油價產生影響的單個產油國只有沙烏地阿拉伯。當時，沙烏地阿拉伯已經探明的石油儲量一千七百億桶，佔到了世界的四分之一強，沙烏地阿拉伯的石油生產也很有彈性，完全有能力迅速增加產量，在石油輸出國家組織中有舉足輕重的地位。蘇聯境內的石油儲量雖然也很豐富，但是相比之下，開採難度要比沙烏地阿拉伯等國大得多，開採費用也是沙烏地阿拉伯的好幾倍。當時，蘇聯與沙烏地阿拉伯的關係還是競爭對手，在一九七三年和一九七九年兩次石油危機期間，蘇聯曾經大幅增產，拒絕與石油輸出國家組織限產保價相配合。

當時的背景是，世界石油市場略微供大於求，出於石油國家的利益考慮，許多石油輸出國家組織成員國要求沙烏地阿拉伯削減出口以提高石油價格，這也是符合沙烏地阿拉伯自身利益的，但是美國這時候卻找上了沙烏地阿拉伯。美國中央情報局局長卡西親自趕去了沙烏地阿拉伯，要求沙烏地阿拉伯不向其他石油輸出國家組織成員國屈服，實行「逆向石油衝擊」，增加原油產量以降低國際油價。作為回報，美國會向沙烏地阿拉伯出售一些尖端武器，以保證沙烏地阿拉伯的安全。當時，沙烏地阿拉伯確實因為蘇聯的向南擴張策略和周邊的戰火[注]而對自身安全感到擔憂，再加上美國的態度也比較強硬，不希望因此得罪美國，最終沙烏地阿拉伯答應美國的要求。

除了沙烏地阿拉伯之外，美國也說服了其他一些產油國共同進退。

一九八五年八月，時機成熟了。在美國政府的授意下，沙烏地阿拉伯果然實行了「逆向石油衝擊」戰略，一場石油貿易戰開始了。沙烏地阿拉伯在短時間內將自身石油產量提高了兩倍多，石油出口從每日不足二百萬桶猛增到每日約九百萬桶，其他一些產油國也跟著增產。這麼一大批原油注入國際市場，產生的影響是可以預料的：國際油價迅速下跌。十一月的時候，油價還是每桶三十美元，短短五個月後，已經跌到了每桶十美元。

美國也努力配合「逆向石油衝擊」來壓低油價，主要辦法就是縮減石油需求（每天只能購進十四·五萬桶石油），戰略石油儲備也被縮減。這一點對於美國來說也沒什麼麻煩的，因為美國在二十世紀七〇年代就開始建構戰略石油儲備。此外，西歐和日本也被美國動員起來配合行動，一旦發現油價有上漲趨勢，就要拋售戰略石油儲備，平抑油價。

油價的暴跌完全出乎蘇聯的意料，蘇聯政府致信沙烏地阿拉伯，譴責其發動石油貿易戰。但是這時候說什麼都已經晚了，油價暴跌造成的影響很快顯現出來。

注一：美蘇爭霸成為戰後國際政治關係的主流，也是美國進一步加強其霸主地位的關鍵步驟。雙方的爭奪在各個方面全面展開：第一，常規武器競賽。戰後，美蘇在冷戰中大規模加強常規軍備，雙方不斷更新各種武器裝備並發展現代技術，以服務於軍事和政治目的。第二，核武器競賽。二十世紀七〇年代，美蘇核武器競爭激烈，結果雙方擁有世界核彈頭庫存總數的九七％，同時雙方在核武器運載工具和多彈頭分導等高技術領域的研製方面投入大量人力和物力。第三，太空武器競賽。二十世紀八〇年代，軍備競賽轉向太空和其他高技術領域，美國制定的「星際大戰」計畫即是例證，而最終的結果是拖垮了蘇聯，美國成為世界上唯一的超級大國。

注二：當時，在沙烏地阿拉伯的北邊，伊朗和伊拉克正進行一場長期戰爭；西邊的敘利亞和北非的利比亞，也和伊朗共同反對沙烏地阿拉伯的王室政權；東北部的阿富汗戰爭，也給沙烏地阿拉伯帶來了較大的壓力。

蘇聯解體

國際油價下跌起初，蘇聯只是少賺了一點。蘇聯並沒有人預見到這個情況將給蘇聯外貿以及外匯金融系統帶來何種災難性的後果，反而蘇聯國內還有一種觀點，認為油價的下跌只是暫時現象，畢竟他們已經習慣油價的不斷上漲了，但後來的事實證明這種想法實在太過天真了。

我們知道，石油和天然氣是蘇聯的支柱性產業，所賺取的外匯佔了蘇聯全部外匯的七成，而這些錢基本上都被用來向西方國家購買日益短缺的糧食以及其他輕工業民生用品和技術設備。現在油價暴跌，蘇聯的外匯收入銳減，到了後期，石油收入甚至比不上開採的成本。蘇聯開始無力從西方進口先進技術設備以及糧食和消費品，更別說向東歐衛星國以及越南和古巴等盟國和世界戰略要地提供經濟和軍事援助了。

蘇聯能源部的統計顯示，一九八五至一九八八年的世界油價下跌，油價從高峰的每噸二一二・六美元降低到一九八八年的每噸九十三美元，價格下降了一二九％，致使該國四年間共計損失四百億盧布。但是國際油價下跌對蘇聯造成的影響不僅如此，蘇聯的軍火生意也被拖累了。在石油生意興盛的七〇年代，蘇聯出售給中東國家的軍火增長了五倍。但一九八五年以後，由於油價猛跌，伊朗、伊拉克、利比亞的石油收入減少了五〇%，所以蘇聯的軍火銷售量也減少了二〇%。一九八六年，蘇聯的經濟成長嚴重放緩，隨後出現了連續三年的負增長。

彼時，戈巴契夫剛上台，正在努力推行他野心勃勃的政治和經濟改革計畫，結果卻遭遇迎頭一擊。低油價給蘇聯帶來了嚴重的財政危機，國內生活水準嚴重下降，因為缺少外匯，民生必需品極度匱乏，牛奶、肉類、食用油、砂糖嚴重短缺，蘇聯人經常排兩三個小時的隊都買不到所需商品，而且資金短缺使新工廠延期落成，大型工業計畫被迫取消，煤礦、油田、天然氣井所急需的新技術裝備停止從西方進口。最後，蘇聯甚至沒有錢支付貨運，將已經購買的糧食運到蘇聯，國家瀕臨破產，民眾怨聲載道，饑餓的民眾和蠢蠢欲動的野心家紛紛走上街頭鬧事；軍隊利益嚴重受損，甚至困難到軍餉都無法按時發放……事實上，蘇聯已經破產了。

一九九一年，壓垮駱駝的最後一根稻草落下，美國解凍戰略石油儲備，「油霸」沙烏地阿拉伯又一次將石油產量提高了三倍。蘇聯政府已經拿不出第十三個五年計畫（一九九一－一九九五）裡維持石油產量在五・八億噸所需要的一千一百億盧布，蘇聯政局不穩，人心浮動。

一九九一年十一月，英國前首相柴契爾夫人在演講時做了一個著名的預測：「我負責任地告訴諸位，不出一個月的時間，你們就會聽到法律上蘇聯解體的消息。」兩週後，即一九九一年十二月八日，白俄羅斯、俄羅斯、烏克蘭簽署了宣布蘇聯停止存在和建立獨立國家聯合體的《別洛韋伯日協議》，協議的第一條規定「締約各方組成獨立國家聯合體」。十二月二十五日，蘇聯總統戈巴契夫宣布辭職；次日，蘇聯最高蘇維埃召開最後一次會議，以舉手表決的方式宣布蘇聯解體為十五個獨立的主權國家，飄揚在克里姆林宮的鐮刀錘子旗被三色旗所取代。

回頭看這段歷史，我們會發現，美國發起的石油貿易戰雖然是導致蘇聯債台高築和財政瀕臨危機的直接原因，但蘇聯過度依賴重工和軍工的嚴重畸形經濟結構，已經為其發展埋下了不良的種子。我們還要說的是，與傳統戰爭不同，貿易戰的結果不僅取決於綜合國力的強弱，也與各國政府的決策是否果斷明智、應對是否靈活、是否有足夠遠見、執行力是否堅決息息相關。比如龐大的蘇聯被一次油價大跌擊倒，從中我們就可以獲得一些啟示和借鑑。

—第十四章—

韓戰背後的貿易戰

韓戰爆發於二十世紀五〇年代初，是冷戰的一部分。其間，中國不但在戰場上碰撞和挑戰當時世界上最強大的軍隊，在經濟貿易領域也與美、日、英等國展開了激烈的鬥爭。

禁運風雲

中華人民共和國建立初期，美國的對華經濟政策應該分為兩個階段：從一九四九年初到一九五〇年六月韓戰爆發前，美國執行的是一種相對較為寬鬆的貿易政策；之後，美國開始對華封鎖禁運，拉著許多盟友與中國打起了貿易戰。

一九四九年初，美國頒布了對華政策的NSC41號文件。內容規定，允許恢復中國與日本和西方世界的一般性貿易關係，但這是一種有限貿易，文件參照當時美國對蘇聯等國實行的禁運政策，具體規定除了直接軍用品以外，因為「戰略緣故」禁止或嚴格限制向蘇聯、東歐、北韓出口的「非軍用物資」可以向中國出口；某些對美國安全「有重大關係」而且為必需的重要工業、交通、通信設備，只要中國保證不向蘇聯及其「衛星國」轉售，可以向中國出口。為防止這些重要物資透過中國轉入蘇聯和東歐地區，美國也可以根據戰前標準對中國工業需要量進行評估，按照需求供給。至於私商對華貿易及對華大宗非戰略商品貿易，文件規定應該「只受到最低程度的管制」。客觀地說，雖然這個時期美國對華施行了一種僵硬的出口管制政策，但是也留下了一定的餘地。之所以會形成這樣的局面，首先是為了分裂中蘇，其次是因為作為經濟頭號大國的美國，自信對中國經濟有無與倫比的影響力，他們認為中國在經濟重建方面遇到難題後，必然只有求助於西方國家一個途徑。文件頒布後的一年，中日貿易額約達四千萬美元，美國對華出口約為〇・八三億美元，進口額約為一・〇六四億美元，總值近二億美元，約佔中國外貿總額的四分之一，美國仍然是中國重要的交易夥伴。

但這種具有一定現實成分的對華經濟政策只是曇花一現。韓戰爆發以後，美國立即改變了態度，決定比照對蘇聯施行過的貿易管制原則，加大對華產品貿易出口的控制範圍（事實上更嚴厲），尤其是擴大到石油和石油產品系列。

六月，美國在華石油公司停止向中國運送石油產品，停止與中國洽談新的石油產品供貨合約。接下來，美國強迫英、法、比、荷、加、日、印尼、中南半島國家、新加坡、南美各國參加對華石油產品禁運。在美國的反覆施壓下，英國於七月同意參加對華石油及石油產品的禁運。同月，在美國的主導下，「巴統」認可了對中國石油產品的禁運政策。石油禁運重創了中國的經濟，因為當時石油供貨主要依賴於英國殼牌石油公司、美資德士古石油公司、美孚真空石油公司等幾家西方大石油公司。

中國出兵北韓後，在戰場上接連獲勝，美國也迅速加大了對華貿易制裁的力度。這個時期，美國決策集團已經逐漸形成了對華貿易戰的內容：一、禁絕美國對華一切出口；二、凍結所有中國在美資產；三、禁絕美國對華船運活動；四、禁絕中國對美國出口；五、爭取盟國合作，實行囊括所有西方國家參加的對華多邊禁運。一九五〇年十二月二日，美國商務部下令對中國實行貿易出口許可證制度，規定對運往中國大陸、香港、澳門的所有美國出口產品，無論是否列入絕對禁運清單，都實行出口許可證制度，由美國外貿區前往中國的船運也適用這個規定。規定象徵著美國對華全面經濟戰的開始。命令生效，美國對華出口貿易完全中斷。為了防止中國透過第三國轉購美國物資，美國政府下令控制所有中國在美國資產及禁止所有在美國註冊的船隻前往中國港口。

這僅僅是全面貿易戰的第一步。一九五一年，美國又藉著聯合國的名義，把對華貿易控制、船運禁令、資產凍結措施從美國本土推廣到整個西方世界，並在聯合國通過了聯合制裁中國的提案。即使這樣，美國依然不滿足，並再次推動聯合國做出決議，對中國進行海上封鎖和全面禁運。這一次，美國的目的沒有達成——鑑於可能對自身產生的消極影響，英法等西方盟友對此表示堅決反對，而且韓戰停戰談判也即將開始，美國政府的全面禁運最終未能施行。

縱觀美國發動的對華全面貿易戰，困難之處就在於爭取盟國支持，因為美國多數盟國在對華貿易上的利益和政策立場與美國不一致，比如日本就是其中之一。這場貿易戰中，日本因素也值得我們重點關注和分析。

中日貿易

日本是一個島國，資源匱乏，在韓戰爆發之前，中國一直是日本最大的原料來源國，換言之，日本經濟受中國的影響非常大。到八月為止，一九五〇年中日進出口總額為三千五百萬美元，約佔同期日本對外貿易總額的三・三%，這個數字可能不太起眼，但同時日本從中國進口額約為其對中國出口額的四倍，而且日本進口品集中於少數幾大類產品，在日本進口產品中比重比較大。比如，從中國進口的焦炭量佔到了日本總進口量的二五%。對中日貿易禁運後，日本只能找其他價格高昂的替代資源，給日本也造成了巨大的經濟損失。

一九五〇年六月韓戰爆發後，駐日盟軍總部完全停止批准日本對華出口產品，僅允許已經簽訂合約的產品繼續出口。禁令接連而出，一九五〇年十二月六日，總部根據商務部禁令，又下令全面禁止日本所有對華產品出口，包括廢止已經簽署但是未執行的產品出口合約。隨後在麥克阿瑟的主管下，報復性地迫使日本奉行最嚴厲的貿易禁運政策。結果，兩國之間的貿易額急劇下滑。一九五二年，中日貿易額僅為一千五百五十萬美元，月均一百三十萬美元，其中日本一九五二年對華全年出口僅五十萬美元，中日貿易幾乎斷流。失去中國市場，日本的商品因此出現嚴重滯銷的現象，出口商被迫降價出售大批商品。例如，過去日本售給中國的馬口鐵價格為每噸二百八十－三百美元，中日貿易斷絕後，賣給美國的價格降至每噸二百二十－二百五十美元，使很多企業特別是中小企業陷於破產，失業人數大大增加，造成日本經濟衰退和破敗的境況。

日本政府對禁運給日本造成的經濟損失一方面感到憂慮，另一方面又希望討好美國，獲得政治上的利益以及最終的獨立。一九五一年一月，日本「二戰」後的第一任首相吉田茂在與杜勒斯會晤時提出：「貿易是貿易，戰爭是戰爭」，希望美國不要禁運正常的中日貿易，結果杜勒斯卻用僵硬的冷戰式話語回說：「在目前的世界形勢下，自由世界有必要做出犧牲。」

為了讓日本追隨自己的腳步，美國給了日本很多「回報」：為日本提供大量的「特需」訂貨、向日本提供特別援助、暗中許諾給予日本「寬大的和平」作為其參與遏制中國的獎賞。結果在韓戰期間，日本徹底將自己綁上了美國的戰車，完全按照美國的意願，採取了較西歐國家更徹底的對華貿易禁運政策。

但是在對待中日貿易禁運的問題上，日本的態度並不是牢固不變。日本各界有識之士普遍認為，吉田政府在中日貿易問題上的不作為，會導致日本經濟因為失去中國市場而持續衰退。與此同時，中國政府也表示了積極發展日中友好關係包括雙邊貿易關係的明確態度。一九五二年六月，日本三位國會議員藉參加國際經濟會議之機繞道拜訪中國，並分別代表日方三個民間貿易團體和中國國際貿易促進委員會，簽訂了第一次日中民間貿易協定。這個情況讓美國十分惱怒，為了平息美國的怒火，吉田政府公開宣稱中日貿易協定在法律上和實踐中均無效，於是在美國和日本政府的聯合反對下，儘管中國一再將第一次中日貿易協定的期限延長，但是自該協定簽訂直到第二次貿易協定簽訂為止，在長達十六個月的時間裡，日中雙方僅實現了合約規定貿易總金額的五％。

就這樣，中日貿易的大門被關閉，在此之後，日本被接納為巴黎統籌委員會的正式成員國，對中國執行了更嚴格的貿易禁運。

針鋒對決

面對以美國為首的西方國家的禁運政策，中國當然不可能坐以待斃，也採取了堅決的反禁運措施，努力打破西方國家的對華封鎖。

在一九五〇年十二月美國對華全面禁運之後，中國政府針鋒相對地發布了《關於管制美國在華財產和凍結在華存款命令》。根據這個命令，全國立即統一行動，對美國在華企業進行清理管制，並凍結了美國在華的公私存款。

中國也努力發展對蘇聯和東歐國家的貿易。在聯合國通過了全面對華禁運的決議後，中蘇經過談判，決定一九五一至一九五四年蘇聯向中國提供六十個步兵師的武器裝備的協議。此外，根據戰爭需要，蘇聯還向中國提供了飛機、坦克、高射炮、汽車等裝備和器材。一九五三年五月，中蘇兩國簽訂了蘇聯援助中國發展的協議書，向中國提供九十一個大型工程項目。至此，僅在韓戰期間，蘇聯向中國提供了一百四十一個大型工程項目。作為回報，中國向蘇聯提供了農產品和橡膠等原料。一九五〇年，中蘇貿易額約佔中國外貿的三〇％，一九五三年則為五六・三％。

其他的東歐國家中，東德和捷克分別成為中國的第二、第三大交易夥伴。特別是波蘭，還和中國建立了中波合營輪船公司，中國或中國委託他國從西方進口的禁運物資，其中大部分從該公司運輸，對打破美國對華禁運產生了重要作用。

值得一提的是，中國也與斯里蘭卡建立了貿易關係。斯里蘭卡是以種植園經濟為主的國家，主要出口橡膠、茶葉、椰子，進口稻米和日用消費品。二十世紀五〇年代初，斯里蘭卡水稻歉收，糧荒嚴重。斯里蘭卡政府一再要求美國以合理價格向其出口橡膠，並以低於市場價格從美國進口稻米，均遭美國拒絕。所以，斯里蘭卡轉而向中國要求進口稻米，立刻得到中國政府的同意。一九五二年十月，中錫兩國政府簽訂了稻米和橡膠五年貿易協定，規定中國每年出口斯里蘭卡二十萬噸稻米，斯里蘭卡每年向中國出口五萬噸橡膠，佔斯里蘭卡出口橡膠的一半。這是中國與非社會主義國家簽訂的第一個貿易協定。美國當然不同意了，要求斯里蘭卡停止出口，但是被斯里蘭卡拒絕。中國甚至還在西方世界打開了一個缺口——一九五〇年十月，中國與芬蘭建立外交關係，而且芬蘭沒有參與對華禁運，中國因此積極與芬蘭發展貿易關係。一九五二年九月，中、蘇、芬在莫斯科簽訂了總額為三千四百萬盧布的三角貿易協定，一九五三年中國和芬蘭又簽訂了五千萬盧布的貿易協定，這是中國與西方國家簽訂的第一個貿易協定。

一九五二年四月，中國派代表團參加了在莫斯科召開的第一屆國際經濟會議。在會議上，中國代表團分別與英國、荷蘭、法國、瑞士、義大利、比利時、芬蘭、斯里蘭卡、印尼、巴基斯坦等十個國家簽訂了總額為二・二三億美元的貿易協定。

事實上就是，美國主導的聯合對華禁運並沒有達到美國所希望達到的效果，西方世界仍然與中國存在貿易往來，美國對外援助事務管理署署長在給國會的報告中也不得不承認這一點——西方世界對華輸送的物資，一九五一年為四・三三億美元，一九五二年為二・五七億美元，一九五三年為二・七億美元，中國的出口也從一九五二年的三・六五億美元增加到一九五三年的四・二五億美元。到了一九五三年初，由於停戰談判開啟，也由於中國推行拓展與西方國家的積極政策，西方國家與中國貿易又呈現上升情況。上半年達到一個新的高潮，英國由一九五二年的四千五百萬英鎊增至六千一百萬；西德由二百八十萬美元增至二千五百萬美元；法國由三百三十萬美元增至一千二百四十萬美元；日本由五十萬美元增至四百五十萬美元。這種情況讓美國政府非常不滿，於是杜勒斯在停戰後同時致電二十多個美國駐外使團，要求各個盟國繼續維護對華的貿易禁運（日本曾經在會議上提出放鬆中日貿易的要求，但是被否決）。在這種情況下，英、法、日等西方國家被迫屈從於美國的無理要求，開始又一輪的對華禁運高峰。據美方統計，一九五三年七月至十二月，西方國家對華出口額約為一・一億美元，較之同年上半年減少約五千萬美元，暫時遏制住西方世界的對華貿易。韓戰時期，美國對華的貿易禁運和管制是一個反覆的過程，不過也已經是強弩之末了，美國的堅持只持續了一段時間，隨著戰爭走向結束，中國又恢復了與西方的貿易往來。不僅是因為中國擁有豐富的資源和廣闊的市場，也因為封鎖禁運本身就是一種損人不利己的行為，這種人為製造的障礙也不可能永遠持續下去。

—第十五章—

美日貿易戰之風起雲湧

美日貿易戰開始於二十世紀六〇年代，在七〇年代更加激化，在八〇年代達到了高潮。其間，美日之間爆發了無數次貿易糾紛，其中行業層面的大型貿易戰就有六次。最初雙方的貿易摩擦只是集中在棉紡織品、玩具、鋼鐵這樣的商品上，但隨著日本產業轉型的深入，涉及的產品已經擴大到技術密集型產業，如「半導體、汽車、通信設備」，感覺被觸及核心利益的美國大為惱火，貿易戰進一步升級。

「鐵鏽地帶」

日本經濟在一九五五年之後進入了快速發展時期注，到了六〇年代，日本工業年均增長一六%，國民生產總值年均增長一一・三%，到了一九六八年，日本已經成為僅次於美國的資本主義世界經濟大國，對美國形成了威脅，雙方的貿易摩擦也不斷加劇。

人們通常認為日美貿易衝突開始於六〇年代，其實日美貿易摩擦由來已久，「一美元襯衫事件」可以視為雙方的第一次衝突。

一九五五年紐約市場上，出現了日本生產、每件售價為一美元的廉價襯衫注，沒有人不喜歡便宜的東西，襯衫受到了消費者的熱烈歡迎，卻引起了美國紡織工業界的強烈抗議，美國工會組織也發起了針對日本襯衫的反傾銷運動，最後在美國的施壓下，日本紡織業自一九五六年一月實行出口自主限制。這件小小的襯衫背後，其實映射了這樣的事實——一九五五年，日本紡織品在美國紡織品進口市場中佔比達到了六〇%，這次事件成為美日貿易摩擦的開端。

應對棉紡織業出口受限，日本首先做的就是產業轉型，日本國內開始重工業化，到了二十世紀六〇年代末，日本向美國出口的主力商品由紡織品變成了鋼鐵，而到了七〇年代，日本工業製造業發展迅速，質優價廉的日本產品迅速佔領了國際市場。

一九六九年，在美國的鋼鐵進口中，日本佔比四二%。到了八〇年代初期，美國對日本的商品貿易赤字飆升至五百億美元。其間，美國的一些工業和企業日子已經很不好過，比如承擔了主要競爭壓力的美國中西部和東北部等工業中心，就形成了「鐵鏽地帶」，失業率超過了全國平均水準的兩倍。一九六三年，美國的鋼鐵製品相關廠家指控日本對美國進行「傾銷」，雙方摩擦加大。代表這些地區利益的州議員在國會發起針對日本的貿易保護提案，商業界人士也表示鼎力支持。結果從一九六七年到一九七四年，日本鋼鐵業被迫連續三次自動限制對美國出口。即使這樣，仍然沒有真正解決問題，一直到一九八五年，經過多次特別協商，美日雙方才達成協議，日本鋼鐵製品大量出口至美國市場的趨勢勉強剎住。

一波未平一波又起。從二十世紀六〇年代起，日本開始做產業結構的調整，到了一九七〇年，日本家電行業開始迅速崛起，在七〇年代後期接棒鋼鐵行業，成為對外出口的主力。其中，彩色電視的出口情勢尤其迅猛，巔峰時期對美國出口佔彩色電視出口的九〇%，佔據了美國三〇%以上的市場。於是，彩色電視又成為下一個打擊對象，美日雙方又展開了一次彩色電視戰，最終以日本的妥協告終。一九七七年，美日簽訂《維持市場秩序協定》，協定中日本「自願限制出口」彩色電視，把每年出口美國的彩色電視控制在一百七十五萬台。

就這樣，美日的貿易摩擦不斷升溫，大大小小的貿易戰打得無止無休，後來雙方在手帕、鞋、陶瓷器、玩具等輕工業產品上都不同程度地發生貿易摩擦，而日美貿易戰中最激烈的一場就是汽車貿易戰。

注一：一九四七年，隨著東西方冷戰加劇和中國革命的逐步勝利，美國迫切需要日本成為自己爭霸世界的夥伴，於是美國由最初的制裁日本轉為扶植日本恢復經濟，其主要表現是：（一）經濟援助，（二）經濟貸款，（三）直接投資，（四）技術輸入。美國資本和技術大量進入日本，在一定程度上彌補了日本自身資金和技術相對不足的缺陷，對日本經濟發展發揮了促進作用。

注二：事件的背景是戰後日本棉紡織品因為韓戰迎來了需求高潮，韓戰結束後需求趨於減少，造成了庫存暴增。從一九五三年開始，日本紡織品產能嚴重過剩，因此大量廉價紡織品向美國市場出口，引發了貿易摩擦，在之後的若干年中，紡織品一直是兩國貿易摩擦最激烈的領域。

汽車大戰

日本從二十世紀六〇年代開始強勢崛起，儘管從此以後美日雙方貿易摩擦不斷，但是美國真正被撼動，還是從二十世紀八〇年代的汽車貿易戰開始。

美國被稱為「輪子上的國度」，這句話一點不假——德國人發明了汽車，而美國人給生活安上了輪子。美國是傳統的汽車生產大國，也是世界上最大的汽車消費國。一九〇五年，亨利・福特發明了價格低廉的T型車，汽車開始在美國大行其道。汽車工業也是美國工業三大支柱的最大產業，通用、福特、克萊斯勒三大汽車公司曾經長期排在世界汽車銷售的榜單前列。

但是到了二十世紀八〇年代，美國發現自己遇到了一個致命的對手。

隨著日本工業製造的革新與產業升級，在美國的扶持下，汽車產業迅速發展起來了。二十世紀七〇年代，日本開始向美國出口汽車，由於當時日本汽車的市場佔有率很低，並沒有引起美國的警惕。但是石油危機以後，情況發生了劇變。美國汽車引擎功率普遍大於日本車型，大功率的引擎除了浪費馬力之外並沒有更多用處，日本汽車的小功率引擎及小車身更加經濟，適合城市使用。七〇年代末至八〇年代初，美國出現「小型汽車熱」，日本藉著這個機會，推出了節能、設計、性能均屬優良的小型汽車，迅速打開了美國汽車市場的大門，並向縱深發展。

一九七六年和一九七七年，日本對美國出口汽車分別比上年增加四七・六％和二七・四％，到了一九八〇年一月，日本汽車突破七百萬輛大關，躍居世界首位，出口美國高達一九二萬輛，在美國市場上的佔有率達二二％，而在八〇年代中後期，日本汽車佔領了美國三分之二的市場。美國的情況與之形成了鮮明對比：一九五〇年，美國汽車產量是六六六・五八萬輛，佔世界汽車總產量的八一・五％，是絕對的汽車霸主，但到了八〇年代，美國汽車產量只佔世界總產量的二六％，而日本汽車取代了美國位列世界第一。一九九一年，美國對日本的汽車貿易逆差更是達到了驚人的二七八・二億美元。

日本汽車在美國市場上急劇擴大的佔有率震驚了美國，而美國的汽車行業也因此出現了急速衰退。一些中小型汽車企業紛紛倒閉破產，三大汽車公司也出現了虧損，汽車行業臨時解雇人員甚至超過了二十萬人。汽車霸主地位的失去和失業問題，使得美國議會和民間要求限制從日本進口小型汽車的呼聲日益高漲。

當時的美國報紙曾經刊登一些抗議日本汽車進口的照片。一張照片中，兩個美國工人正在揮錘砸向一輛日本汽車，這是一次由北印第安納州工會組織和贊助的活動，路人每砸一錘給一美元。還有一張照片是兩個美國汽車工會的工人正在砸一輛豐田汽車，現場還立著一塊巨大的牌子，牌子上寫著：「想要在美國賣車，就要在美國生產！」

一九八一年，雷根總統上台，他為了兌現自己在競選中重振美國汽車產業的諾言，強烈要求日本政府對其向美國的汽車出口實施自主限制，此外還要求日本汽車廠家到美國投資設廠以及開放日本的汽車市場。日本很快就妥協了，按照美國政府的要求規定了向美國出口汽車的數量上限，在一九八一年至一九八三年期間，日本每年對美國汽車出口控制在一六八萬輛以內，從一九八四年四月起擴大到一八五萬輛，而由於實施自主限制，本田、日產、豐田等日本汽車企業轉而擴大在美國當地生產。

最後要說明的是，儘管美國對日本的汽車出口揮動了貿易戰的大棒，儘管日本答應了美國的諸多限制，但事實上汽車仍然是日本最有競爭力的出口產品。一九九〇年，美國對日本四一〇億美元貿易赤字中，七五％是由汽車及其配件造成的；直到一九九四年，美國對日本貿易赤字仍然有六〇％是由汽車貿易造成的。

集中的貿易談判對美日貿易逆差的縮小確實達到一定的短期作用，但是作用時間僅為一至三年。

「東芝事件」

日美貿易戰中，雙方政府和產業之間的交鋒與博奕進行得如火如荼，就在這個關鍵的時間點上，日本又出現了震動美國朝野的「東芝事件」，美國後來就以「東芝事件」為槓桿，撬動了與日本的貿易談判。

「東芝事件」爆發於一九八五年十二月。日本和光交易公司駐莫斯科辦事處首席代表熊谷獨向美國政府商務部和巴黎統籌委員會舉報：一九八一年四月，蘇聯對外貿易部、蘇聯技術機械進口公司、蘇聯波羅的海造船廠的代表與日本東芝機械公司、伊藤忠商社、和光交易公司的代表簽署協定，向蘇聯提供了四台九軸數值控制機床，這批數值控制機床總價值約三十五億日元（這個價格是在日本國內售價的十倍）。一九八二年十二月至一九八三年六月期間，這批設備在日本裝船發貨，機床到貨以後，東芝高層甚至親自前往莫斯科與蘇聯人一起慶祝並且收取二千萬美元的貨款。到了一九八三年六月，東芝公司向蘇聯交付了十七台機床。這些機床儲存在列寧格勒海軍基地，由東芝派出的日本技術人員組裝，而到了一九八四年初，蘇聯已經將這批設備投入使用。「東芝事件」一經爆出，立刻引起了美日的巨大關注。因為先進的數值控制機床是一個國家重要的戰略物資，在當時的美國也屬於高端技術，一直嚴格管制，而這種數值控制機床也是蘇聯急需的——蘇聯的核潛艇一直存在雜訊過大問題，有了這種機床和技術就能加工高性能螺旋槳。

事實上，美國海軍已經發現了不對勁的地方，過去蘇聯核潛艇在挪威海域活動的時候，引起的水聲振盪有時候甚至可以被設在大西洋另一側的百慕達群島的美國海軍水聲監聽站探測到；使用了日本機床以後，蘇聯核潛艇雜訊大大降低，曾經迫近到了美國東海岸附近十海里。

日本隨後對這個事件展開調查，調查人員從日本通產省獲得了涉案的出口許可證，發現當時東芝公司的申請內容為對蘇聯出口四台兩軸聯動數值控制機床。由於兩軸聯動的機床並非出口管制產品，所以日本通產省很快就批准了，東芝公司拿到了出口許可證，最終順利地施展了「調包計」。於是一九八七年四月三十日，東京警視廳以「涉嫌違反《外匯及外國貿易管理法》」的名義，對東芝機械公司提出訴訟。同年五月二十七日，日本警視廳與公安調查廳突襲了東芝公司的總部。警察逮捕了鑄造部長林隆二與機床事業部長谷村弘明，另有兩位高官也被勒令辭職。

事情到這裡還未結束，「東芝事件」在美國引起了軒然大波。一九八七年一月，美國正式向「巴統」十五個成員國代表進行了通報。隨後，美國國會議員也開始關注這個事件。六月，數名美國國會議員手持大錘站在媒體的鏡頭前，砸碎了一台東芝公司出產的收音機，要求美國禁止東芝產品，媒體大篇幅報導，美國輿論一片譁然，嚴懲東芝公司的呼聲佔了上風。

危機之中，東芝公司啟動了強大的公關遊說，包括美國通用電氣和摩托羅拉在內的九十家財團企業要求對東芝從輕處罰，理由是美國企業與東芝有密切的合作關係，如果對東芝實施嚴厲制裁，會影響美國的稅收和工人就業以及美國企業與東芝的共同投資和技術合作。

從參議院一九八七年六月三十日出具對「東芝事件」的最初處罰意見，到一九八八年四月參眾兩院意見分歧，雷根總統簽署最終處罰決定，歷時十個月。對東芝的最終處罰，比最初版本要輕得多，在適用年限和範圍以及例外條款上都有放寬：美國禁止（子公司）東芝機械三年內對美國出口，而對控股的東芝公司只是禁止其三年內向美國政府出售產品。

「東芝事件」的背景是日本在半導體、光纖、智慧機械等高新領域的技術發展已經超越了美國，而且還爆發在一個特殊的時間點上——一九八七年到一九八八之間，正值美日貿易摩擦不斷升級之際，兩國正圍繞半導體、農產品市場開放、軍事技術轉讓等問題激烈博奕。「東芝事件」在美國的刻意渲染下，強化了美國國會的反日情緒，讓貿易戰進一步升級。一九八七年，雷根對日本發起了「二戰」以後美國首例貿易制裁，日本出口美國價值三．三億美元的記憶體被徵收一〇〇%關稅。一年後，國會以壓倒性多數通過了包含「超級三〇一條款」的綜合貿易法案。之所以說美國刻意渲染了「東芝事件」的嚴重性，是因為「東芝事件」其實是「東芝－康士伯事件」——挪威的軍工企業康士伯也在這個時期向蘇聯出售操控九軸聯動數值控制機床所必需的電腦設備和操作軟體，但是當東芝公司在風口浪尖上煎熬時，康士伯卻無人關注，輕鬆過關，原因是美國對挪威不存在貿易逆差，而日本觸犯了美國的核心利益。

一第十六章一

美日貿易戰之餘波未平

隨著美日貿易戰的「主戰場」從輕工業和重化工業演變到高新技術產業，美國對日本的貿易戰手段也一再升級，從一九八五年以前的強制性關稅、配額、自願出口限制為主，拓展到一九八五年後的匯率調控、自願進口擴大與開放市場。在這個過程中，美國不但迫使日本簽訂了《廣場協議》，而且多次動用「三〇一條款」要求日本經濟做出調整。直到二十世紀九〇年代，日本資產泡沫破裂，並出現長達十年左右的停滯，美國貿易逆差的GDP佔比開始下降，雙方的貿易關係才逐步改善。

《廣場協議》

討論日本經濟時，我們經常會提到《廣場協議》。一般認為，《廣場協議》後日元大幅升值吸引了大量海外資本湧入，過度寬鬆的貨幣政策疊加熱錢導致日本資產價格飆升，資產泡沫被吹大。之後經濟泡沫破滅，導致日本經濟停滯，就此陷入「失去的十年」。那麼，《廣場協議》是如何簽訂的？

我們首先來看一下《廣場協議》簽訂之前美日的貿易戰情況。前文曾經提到，美國在二十世紀七〇至八〇年代發動的貿易戰並沒有解決美國貿易逆差擴大的問題，美國對日本的貿易逆差仍然存在，甚至還有擴大趨勢。（這個過程是長期的，資料顯示到了二〇〇八年，美國對日本的貿易逆差已經達到了八三二五億美元。）

美國自身的經濟也面臨貿易赤字和財政赤字的雙重困擾。二十世紀八〇年代初，美國經濟出現嚴重的通貨膨脹（一九七九年美國通貨膨脹率高達一三%）。在這種情況下，美國聯準會被迫實施緊縮貨幣政策，試圖用加息來對抗通貨膨脹，但高利率吸引大量的海外資產流入美國，美元大幅升值，從一九八〇年到一九八五年，美元對日元、馬克、法郎、英鎊的整體升幅約達五

○%。美元升值嚴重影響到出口競爭力，不僅給脆弱的製造業雪上加霜，還帶來巨額貿易逆差。

美國的製造業財閥和國會議員等相關利益集團開始給當時的雷根政府施壓，要求政府干預外匯市場，以解決美元被高估和美國貿易逆差不斷加劇的問題。為此，雷根政府開始對主要交易夥伴施壓，日本則是首當其衝的目標。

就這樣，一九八五年九月二十二日，美國財政部長詹姆斯・貝克、日本財務大臣竹下登、前西德財政部長傑哈特・斯托登伯、法國財政部長皮耶・貝赫弋瓦、英國財政部長尼格爾・勞森等五個發達工業國家財政部長及五國中央銀行行長在紐約廣場飯店舉行會議，達成五國政府聯合干預外匯市場，使美元對主要貨幣有秩序地下調，以解決美國巨額的貿易赤字，這就是有名的《廣場協議》。協定內容包括抑制通貨膨脹、擴大內需、減少貿易干預、聯合干預外匯市場、使美元對主要貨幣有秩序地下調……大家可能會覺得有點奇怪，明明是五國協議，為什麼一提到《廣場協議》，首先就會想到日本？這是因為在協議中雖然法國、西德、英國均有所讓步，但作為新興經濟體的日本做出的妥協最大：第一，進一步對外國商品和服務開放本國市場；第二，執行強有力的監管鬆綁措施以充分發揮私營部門活力；第三，針對日元匯率執行靈活的貨幣政策；第四，大力實施金融市場和日元匯率自由化；第五，在財政政策方面繼續聚焦兩大目標，即減少中央政府赤字和為私營部門提供有利增長環境；第六，在刺激內需方面聚焦擴大消費和抵押信用貸款市場，以刺激私人消費和投資。我們可以看到，在這六項內容中，實現日元對美元升值是協定的核心內容。

《廣場協議》是五國針對彼此間特別是對美國嚴重的國際收支失衡相互協調和妥協的結果，之後日元大幅升值對日本經濟的影響主要來自兩個方面：一是出口減少。一九八五年，日本的出口額為四・二兆日元，《廣場協議》簽訂以後，日元急速升值，導致一九八六年出口下降一五・八九％，跌至三・五兆日元。二是對外投資損失慘重。《廣場協議》簽訂之前，日本對美國貿易順差巨大，出口企業賺取了大量美元，這些錢大部分用於購買美國中長期國債和對外直接投資。一九八五年，日本對外直接投資額和對外證券投資額分別為四四〇億美元和一四五七億美元。《廣場協議》簽訂到一九八七年底，日元兌美元累計升值五〇％，許多持有國外資產的投資者損失慘重，直接影響了投資者在日本國內投資和消費的能力。在上述兩方面的不利影響下，日本經濟開始不景氣，GDP增長由一九八五年的四・四％下降至一九八六年的二・九％。

對於美國來說，《廣場協議》也僅僅解了一時之渴：協議簽訂以後，美元高估的問題確實迅速得到解決，美國貿易逆差問題也大幅好轉，二十世紀九〇年代初甚至恢復到順差狀態，但是這種好時光只是曇花一現，隨著經濟全球化加速，美國外貿形勢又迅速惡化——其實，這與美國自身的經濟結構有關，單邊抑制進口貿易並不能真正解決問題。

三〇一條款

隨著中美貿易戰的進行，「三〇一條款」也越來越多地傳進了國人的耳朵。

從一九七四年以來，美國共啟動了一百多項「三〇一調查」，歐盟、日本、加拿大、韓國、巴西等多個世界貿易組織成員都屢次成為調查對象，部分成員被迫對美國企業開放市場或是成為美國實施報復措施的目標，而其中最大的「受害者」就是日本。

所謂的三〇一條款，是美國通過《一九六二年貿易擴展法》、《一九七四年貿易改革法》、《一九七七年貿易協定法》、《一九八四年貿易與關稅法》、《一九八八年綜合貿易與競爭法》，逐步完善的關於保護美國自由貿易的法律規定。三〇一條款超越世界貿易協定和任何協力廠商規則，賦予美國總統及政府部門對外國立法或行政上違反協定和損害美國利益的行為採取單邊行動的立法授權，無須國會批准。狹義的「三〇一條款」僅指美國《一九七四年貿易法》的第三〇一節，也被稱為「一般三〇一條款」，主要應用對象是具體的商品貿易；廣義的「三〇一條款」除了「一般三〇一條款」之外，還包括「保護」美國智慧財產權的「特別三〇一條款」和讓國際貿易界談虎色變的關於貿易自由化的「超級三〇一條款」，以及其他配套措施。這些法案中列舉「不合理的」外國政府的政策和做法的清單：設立企業有關的做法、對智慧財產權的保護、對外國公司反競爭法的默許、確定出口目標、無視勞工權利。條款也對包括調查、決定、報復等各個程序都設置了具體的時間規定。

從二十世紀五〇年代開始，美日貿易摩擦不斷加大，隨著美國對日本的貿易逆差不斷擴大，從七〇年代起，美國逐漸轉向貿易保護主義，開始立法採取單方面的貿易制裁措施，在這樣的背景下，三〇一條款應運而生。在美日貿易戰中，美國對日本動用多項貿易保護措施，包括我們前文提到的《廣場協議》、透過談判迫使日本「自願」限制出口，其中最主要的貿易保護工具就是三〇一條款。二十世紀七〇年代到八〇年代，美國貿易代表前後總計向日本發起了二十四例三〇一條款案件調查，迫使日本政府做出讓步，自願限制出口和開放市場並且提高對外直接投資。

這裡我們試舉幾例：半導體行業的三〇一調查。二十世紀八〇年代，日本半導體產業風光無限，美國只能屈居其下。據統計，在一九八九年，日本佔全球市場的五三％，美國只有三七％；一九九〇年的全球半導體廠商排名中，前十家有六家來自日本，前二十家有一半來自日本。這樣的輝煌自然惹人眼紅，一九八五年美國的半導體工業協會和半導體製造商，在美國起訴日本半導體製造商違反了反傾銷法、反托拉斯法、三〇一條款等法案，美國法院受理，並進行了對日本半導體行業的三〇一調查。在美國的狙擊下，日本最終選擇妥協，同意對日本出口的半導體產品的成本和價格進行監控，以防止傾銷；鼓勵國內消費者多使用美國同類產品，同時簽署了秘密協定，促使美國產品在日本市場的佔有率在一九九一年達到二〇%。達成這些協定以後，美國中止了三〇一調查。最終，日本的半導體行業逐漸萎縮，失去了全球級的影響力。

一九八九年六月，美國在同一日對日本發起了三項三〇一調查，分別是關於衛星政府採購、巨型電腦政府採購、木材產品的技術歧視性使用。美國認為日本在這些行業存在貿易壁壘，而且價格過低，並據此發起三〇一調查，其中超級電腦是調查重點。事實上，早在一九八七年，美日曾經針對超級電腦問題達成協定，但後續美國認為日本政府在採購政策和定價措施等方面還是為美國設置了市場進入門檻。這一次，日本在三〇一條款面前仍然很快妥協，並因此損失慘重。比如，日本因此取消了發展自主通信衛星的項目，向美國全面開放航空航太市場，進而導致日本錯過了後來三十年中在晶片、網路、航太通訊領域飛速發展的寶貴機會。

我們可以看到，三〇一條款完全是美國單方面行為：條款啟動後，不需要任何證據和任何機構「仲裁」，只要是美國確信的，就可以發起「貿易制裁」。在這個超級武器的打擊下，日本當時最具競爭力的產業紛紛受到重創，也給日本人留下持久的心理陰影。三〇一條款真的這麼強悍嗎？為什麼日本表現得如此軟弱？實際上，這也與當時日本的處境有關。「二戰」後，日本在經濟、軍事、外交上嚴重依賴美國，其出口導向型經濟也嚴重依賴於美國市場，而當時的日本缺乏產業核心競爭力，在家電、紡織、鋼鐵、汽車等領域，很多都依賴於此前引進的美國技術，這些因素導致日本面對美國發起的貿易戰只能步步退讓。

十年一夢

一九八八年，脫口秀女王歐普拉採訪了一位四十二歲的地產商人。面對鏡頭，這位年輕的地產商人激烈地批評了美國政府的政策：「我們給日本所有權利進入我們的市場，傾銷他們的商品……日本人進來，他們賣汽車，賣錄影機，他們擊敗我們的公司。」你猜到了，這個地產商人就是美國的第四十五任總統川普。

事實上，美國從來沒有放鬆過貿易戰的大棒，二十世紀八〇年代，美日兩國一直圍繞著半導體、農產品市場開放、軍事技術轉讓等問題激烈博奕。美國不但迫使日本簽下了《廣場協議》，還屢屢動用「三〇一條款」攻擊日本。就在川普批評當時美國政府的對日政策時，日本經濟其實已經開始了畸形的發展。

在簽訂《廣場協議》後，作為當時世界第三大儲備貨幣的日元，幣值連續五年年均上升五％以上，而為了應對日元大幅升值局面，日本決定調整經濟結構，擴大內需。一九八六年，日本政府採取了「擴張性財政政策」；日本中央銀行採取了「超寬鬆的貨幣政策」，連續調低利率，在一九八六年分四次把基準利率從五％下調至三％，一九八七年二月進一步調低至二・五％的歷史最低水準。與此同時，日本中央銀行的貨幣供應量迅速增長，進而造成國內過剩資金急劇增加。在寬鬆的貨幣政策支撐下，過剩的資金紛紛流向了股市和房地產等領域，泡沫經濟逐步形成。

在那個泡沫經濟時代，日本國民生活水準達到了頂點。東京街頭的計程車司機一年收入可以達到一千萬日元；日本大學生一畢業就會有五到十家公司內定錄取，而且去公司面試即使不被錄取也可以拿到紅包，有些人透過不斷去面試，一週竟然拿到了一百萬日元。進入公司以後，就可以享受超高的福利待遇，公司會額外補貼員工去海外旅行，一些證券公司給每位員工年平均交通津貼是三百萬至四百萬日元。

當時，整個日本社會的關鍵字就是「買買買」，日本人闊氣得讓人瞠目結舌：在寶石展示會上，幾乎每個參展的人都會花費一千萬至二千萬日元來購買寶石；高級餐廳幾乎每天晚上都會爆滿，二萬至三萬日元一餐的飯，大多數人每週都會去消費二次；在高級消費場所，服務生隨口說出問候語，都有可能被打賞一萬日元；出國旅遊對一般日本人來說只是家常便飯，一九八六年日本出境遊客是五五二萬人，一九九〇年這個數字是一〇九九萬，海外旅行消費總金額十二・七兆日元，平均每人在海外消費一一五萬日元。

日本的錢多到什麼程度呢？日本政府直接分錢給各個市町村，然而這些市町村也不知道怎麼花掉，就打造純金偶人和純金獸頭瓦裝飾在辦公室裡，有些市町村甚至把打造好的純金物品直接扔到了海裡。

低利率和充足的貨幣供給，刺激了泡沫經濟投機活動。

日本股市暴漲，當時的日本人甚至認為股市不會下跌。一九八九年末，日經平均股價高達三八九一五・八七日元，相當於一九八四年的三・六八倍，一九八九年末最後一天更是創下接近四萬日元的歷史最高。當時，日本股市的本益比高達八十倍。人們都在討論股市，主管日本經濟的大藏省甚至發表了預測：平均股價不久將升至六萬至八萬日元。

日本的地價也暴漲，從一九八五年到一九八八年，東京都的商業用地上漲了兩倍，而在一九八七年，日本商業用地和住宅用地價格的年上升率超過了七六％。到一九八九年底，日本土地資產總額約為二千萬億日元，是美國土地資產總額的四倍。報紙上經常可以看到日本人這樣的言論：「把東京的土地全部賣掉就可以買下美國，然後再把美國土地出租給美國人住」，而日本人也確實從國內買到了國外。

一九八六年，日本第一不動產公司以破紀錄的價格買下了紐約的蒂芙尼大廈；一九八九年，三菱地產公司一舉買下紐約市中心洛克菲勒中心十四棟大樓；其他一些日本房地產公司也紛紛在夏威夷和加州買飯店、辦公大樓、購物中心。

在這些瘋狂的購買過程中，曾經發生很多荒謬的事情。比如有一次，日本人打算買下一棟美國大樓，美國人報價四・七億美元，雙方已經談妥，但是到了付款的時候，日本人忽然又拿出了一個新的合約書，要求按照六・一億美元的價格付款。美國人目瞪口呆不知為何，而日本人的解釋是：他們老闆希望打破金氏世界紀錄上單棟大樓六億美元的最高售價。

當時，很多美國人驚呼日本人在「購買美國」，《紐約時報》甚至發表文章擔憂「總有一天，日本會收購自由女神像」，而日本國內也充斥著極端樂觀的情緒，政論家和經濟學家預言「日本將成為世界第一經濟大國」「日本將成為繼美國之後的下一個霸權國家」……但是「日本的時代」沒有到來，日本的泡沫經濟很快破滅了！

一九八九年十二月二十九日，就是日本中央銀行第三次提高貼現率後的第四天，日經指數創下最後一次歷史新高——三八九五七・四四點，「譜寫了日本股市在歷史上永遠難忘的一頁」。

當得意忘形的人們叫嚷著明年股票指數要達五萬點的時候，日本股市開始了長達多年的熊市之旅。土地價格也在一九九一年左右開始下跌，泡沫經濟開始正式破裂。當時的日本一片混亂和恐慌，從房屋和土地到股市和融資都有人或公司大量破產，銀行不良貸款劇增，土地或股市套牢了大量資金，很多家庭遭遇了悲劇，不但失去了房產，還要背負可能需要一生來償還的巨額債務……整個二十世紀九〇年代，日本經濟陷入了長期停滯和蕭條，並爆發了嚴重的金融危機，這就是人們所說的「失去的十年」。

日本學者吉川元忠在《金融戰敗》一書中悲哀地寫道：「太平盛世」中，誰能意識到戰爭已經打響？若是真槍實彈的戰爭，誰也不會將自己的利益親手送給敵對一方，而在人們看不到摸不著的無形戰爭中，往往就敗在心甘情願地將自己的大好河山拱手送給對手還渾然不知。

我們回頭再看一下從美日貿易戰到日本經濟泡沫破裂的全部過程：為了解決日益擴大的對日貿易逆差，美國動用了各種手段狙擊日本，使得日元大幅升值，日本為了彌補日元升值給出口帶來的衝擊，日本中央銀行開始實施量化寬鬆政策來啟動內需，最終吹起了一個巨大的經濟泡沫，並為此遭受了巨大的損失。

諷刺的是，直到今天，美日每年仍舊有七百億美元的貿易逆差，這場長期激烈的貿易戰最終也沒有解決逆差，只是「解決」了日本而已。

一第十七章一

美歐二十年香蕉貿易戰

二十世紀九〇年代後，美國與歐盟之間的貿易衝突時見報端，「香蕉戰」、「牛肉戰」、「鋼鐵戰」不斷上演，「冷戰」時期因為面對共同敵人而被掩蓋的經濟衝突徹底暴露出來。美歐貿易戰相比以往的貿易戰更為複雜，雙方不僅將金融戰與貿易戰進行了融合，建構了「反傾銷」與「反補貼」懲罰、進口配額、進口許可證、自產比例限制等更隱蔽的非關稅壁壘，還充分利用世界貿易組織的規則維護自己的利益。本章中將要談到的「香蕉貿易戰」，就是ＷＴＯ框架下非常有代表性的一次貿易戰。

《洛美協定》

冷戰期間，美國與歐洲一直是夥伴關係，但是冷戰結束後作為當時的兩大經濟體，雙方在經濟貿易方面的衝突也很快暴露出來。特別是在農產品領域，美國與歐盟的貿易爭端不斷：法國人大罵美國搶走了他們在埃及的傳統小麥市場，歐盟的發言人抱怨「美國人要把我們在地中海地區的其他市場搶去」，美國人也不甘示弱，直接指責歐盟在「明目張膽地搶劫」。美歐農產品貿易戰從二十世紀六〇年代開始已經發生過多次，理由多種多樣，有時候是爭奪市場，有時候是因為對方的貿易壁壘，有時候是因為雙方不同的農業政策……在這些貿易衝突中，最為引人注目的除了荷爾蒙牛肉和基因改造產品之外，恐怕就是香蕉問題了。

美國與歐盟的香蕉貿易戰爆發於一九九三年。作為世界上最大的香蕉消費市場，那一年歐盟開始實施香蕉進口制度四〇四／九三號規則，透過許可證制度和配額制度對香蕉進口進行限制。但是歐盟國家原來在非洲、加勒比海、太平洋地區的殖民地國家卻不在此列，可以享受特殊優惠待遇[注]。這引起了美國的強烈反對，並最終向世界貿易組織申訴，一場香蕉大戰就此爆發。

有些讀者可能會感到奇怪，美國並不是盛產香蕉的國家，為什麼會為了香蕉跟歐盟大打貿易戰呢？

首先，這是因為美國在與歐盟的香蕉貿易中有巨大的利害關係，歐盟市場上七〇％以上的香蕉來自拉丁美洲國家，拉丁美洲國家的香蕉價格十分便宜，品質優良，因而在歐洲市場頗受歡迎。拉丁美洲國家香蕉的出口，主要由兩家美國的跨國果品公司金吉達注（CHIQUITA）和都樂（DOLE）公司來控制。統計資料顯示，歐盟年均進口香蕉四百萬噸，零售總價值達五十億美元，利潤約為十億美元。因此，新的香蕉進口制度實施後，美國公司損失巨大，以金吉達公司為例，一九九二年末，其佔歐盟進口香蕉市場額度的四〇％，而在新的制度實行後下降到不足二〇％。拉丁美洲出口到歐盟的香蕉總量，將由二七〇萬噸減少到二二〇萬噸，並且每噸香蕉要徵稅八二．五美元。此外，出口到歐盟新成員國的另外三五．三萬噸，每噸要徵稅三三〇美元。但是來自非洲、加勒比海、太平洋地區原英法殖民地的香蕉到歐盟新成員國的關稅就要少多了，每噸只有一一九美元，其出口到歐盟的香蕉總量每年將達到八五．八萬噸，導致拉丁美洲國家的香蕉外匯收入劇減。巴拿馬在歐盟配額制度實行前，每年來自香蕉出口的收入有二一〇億美元，出口的四千萬箱香蕉中有八一％進入歐盟市場，而一九九八年其出口收入只有一二〇億美元。這麼大的市場損失，美國自然不會善罷甘休。

其次，加勒比海國家香蕉出口利益受損也將損害美國和加勒比海國家的關係。當時，美國是加勒比海國家商品和服務的主要供給者，如果加勒比海國家出口香蕉所賺美元減少，他們對美國商品和服務的需求就會減少，而且當加勒比海國家的工人失業和經濟混亂時，就會增加到美國的移民（包括非法移民），還可能引起各種犯罪活動，這些當然是美國不願意看到的。

對歐盟來說，特殊優惠待遇體制並沒有什麼問題，他們的根據就是《洛美協定》。一九七五年二月，非洲、加勒比海、太平洋四十六個發展中國家和歐盟九國在洛美開會，確定了貿易和經濟援助方面的框架。《洛美協定》中，歐盟明確在多個方面為協議成員國提供便利條件。為了確保非加太國家在對歐盟貿易中可以取得特殊優惠待遇，歐盟制定政策對《洛美協定》成員國出口歐洲共同體的香蕉全部免稅准入，其餘香蕉實行配額限制。這種特殊優惠待遇體制是為了達成歐盟的「貿易–援助」目標。

一九九六年，美國聯合厄瓜多、瓜地馬拉、宏都拉斯、墨西哥、巴拿馬等拉丁美洲的一些香蕉生產國，向世界貿易組織申訴，要求歐盟重新回到自由貿易的軌道。

注一：第二次世界大戰之後，歐洲的香蕉市場分為兩個部分。英國、法國、西班牙優先進口來自其海外殖民地的香蕉，而限制其他國家的進口。其中，英國鼓勵牙買加、多明尼加、聖露西亞島的香蕉生產，法國優惠來自象牙海岸和喀麥隆的香蕉。在這些國家中，香蕉種植是小規模的家庭經營，沒有機械化或者灌溉，產量很低，遠遠低於宏都拉斯、瓜地馬拉、厄瓜多。實際上，加勒比海國家的香蕉生產成本是中美洲香蕉種植園的兩倍。如果沒有歐洲的特殊優惠政策，這些加勒比海島國的香蕉生產可能早就破產消失了。一九九三年，為了維護本土地區香蕉種植園的利益以及給非加太國家的特殊優惠待遇，才頒布了四〇四／九三號規則。

注二：金吉達公司的前身就是臭名昭著的聯合水果公司。在二十世紀，聯合水果公司操縱中美洲國家的政局，幫助美國成功控制了中美洲乃至整個拉丁美洲地區的經濟，並打造了一個個「香蕉共和國」。在這些香蕉共和國中，平民百姓在聯合水果公司的瘋狂掠奪和國內腐敗的統治者橫徵暴斂的雙重壓迫下貧困不堪，生活到了崩潰的邊緣。

規則之下

美歐的分歧主要在於，歐盟是否對拉丁美洲國家出產的香蕉和歐盟成員國前殖民地國家出產的香蕉一視同仁。

一九九五年十月四日，在世界貿易組織框架下，美國、瓜地馬拉、宏都拉斯、墨西哥與歐盟進行協商，但這次協商失敗了。於是，在一九九六年四月十一日，美國等國要求DSB（世界貿易組織爭端解決實體機關）成立專家小組，該專家小組裁定歐盟違反了貿易規則：「不允許在對待進口產品時因為原產國的不同而實施歧視，也不允許對不同的國家適用不同的規章和程序。歐盟的香蕉進口許可程序對來自不同國家的香蕉採取區別對待的歧視性做法，明顯與條規不符。」同時，專家小組以此要求歐盟修改香蕉進口規則。歐盟不僅進行了上訴，還質疑美國向世界貿易組織投訴歐盟香蕉貿易體制的資格，但是被駁回了，最後的報告仍然不利於歐盟。

一九九九年一月一日是歐盟糾正其不符合有關世界貿易組織協定的香蕉進口措施的最後期限。之後，歐盟為其執行措施與世界貿易組織裁定和有關世界貿易組織協定是否一致，展開了一場新的更加艱苦的程序戰：一方面竭盡全力地為其執行措施的合法性進行辯護，另一方面利用

DSU（世界貿易組織爭端解決規則與程序的諒解）有關條款的模糊性，努力抓住每個程序上的機會，以「拖延」遵從對自己不利的裁定，同時迅速、及時、有效地反擊美國根據一九七四年貿易法三〇一程序採取的任何報復行動。這場曠日持久的「香蕉大戰」是世界貿易組織框架下非常有代表性的一次貿易戰，當事各方不僅利用了DSU所能提供的幾乎所有程序，而且主張運用世界貿易組織現行爭端解決規則甚至尚未規定的各種程序。

美國當然也不示弱，首先在世界貿易組織體制內，拓寬和擴大可以適用於歐盟香蕉進口體制的世界貿易組織規則（例如：以《服務貿易總協定》和一九九四年《關稅暨貿易總協定》為中心，進而擴大到《進口許可程序協定》、《農業協定》、《與貿易有關的投資措施協定》），加大歐盟為其香蕉進口體制的合法性辯護的難度；其次，利用DSU有關條款的模糊性和歐盟拖延執行DSB裁定所產生的機會，藉助國內政治壓力和世界貿易組織多邊外交攻勢，透過單方面的三〇一程序對歐盟實行貿易報復和威脅，不僅反擊歐盟在執行DSB裁定方面的拖延戰，而且加重歐盟執行DSB裁定的壓力，還希望藉此證明其三〇一貿易政策的合法性；最後，將請求DSB授權的報復集中於一九九四年《關稅暨貿易總協定》下的貨物貿易和除了荷蘭與丹麥以外的其他十三個歐盟成員國，不僅強化對歐盟制裁的力度，而且促使歐盟盡快改變其拖延履行DSB裁定的戰略。

那麼，歐盟會如何做呢？世界貿易組織的裁決能夠解決美歐的貿易衝突嗎？

貿易報復

一九九八年，歐盟修改了香蕉進口政策，一九九九年一月一日，歐盟提交了關於香蕉貿易的新配額制度，但作為申訴方的美國仍然不滿意，認為歐盟仍舊在執行歧視政策，要求世界貿易組織爭端解決機構再次審議，並要求實行報復。一九九九年和二〇〇〇年，世界貿易組織爭端解決機構先後授權美國和厄瓜多對歐盟多項產品實行貿易報復。

但事實上，美國在一九九九年三月重新審議還沒有結果的時候，已經迫不及待地開始了自己的「報復」——美國宣布單方面運用「三〇一條款」對來自歐盟的價值五・二億美元的產品徵收一〇〇%的懲罰性關稅，這些產品包括乳酪、甜餅乾、蠟燭、手袋、氈紙、賀卡、喀什米爾毛衣、純棉、床罩、紙板箱、電動交通工具的電池、咖啡壺、吊燈，以報復歐盟透過許可證和配額制度限制香蕉進口，對美國相關行業造成損害。有趣的是，這個數額正是包括美國金吉達和都樂等公司所聲稱的，由於歐盟雙重標準政策使其年均受到損失的總額。

此時，歐盟對於美國發起的貿易戰已經很「熟悉」了。早在一九六二年，歐盟就曾經跟美國打了一場「雞肉貿易戰」。「二戰」後，雞肉大量從美國出口至歐洲。一九六二年，當時的歐洲共同體瞄準美國農業中的冷凍雞肉產品，施加關稅壁壘，美國向關稅暨貿易總協定起訴，但這只是表面文章，美國國會很快通過了《一九六二年貿易擴展法》，直接授權總統對貿易保護做法進行還擊，時任美國總統甘迺迪做出了對從歐洲進口的馬鈴薯和卡車等商品徵收報復性關稅的決定。

因此，這次歐盟不但沒有按照美國的要求修改香蕉進口政策，反而做出快速反應，要求世界貿易組織對美國的「三〇一條款」的合法性進行審議。歐盟認為「三〇一條款」違反了世界貿易組織的有關規則，一九九九年歐盟申請世界貿易組織成立專家小組調查干涉本案，在歷經九個月的漫長審理後，專家小組給出的結論是「初步違反」，但專家小組也強調，應該慎重地考慮美國特殊的體制和行政國情。這是一個非常曖昧的裁決。什麼意思呢？也就是說，雖然「三〇一條款」表面上確實存在違反世界貿易組織相關規則的情況，但美國只要承諾保證他國的利益，該條款可以客觀存在，「很難說違反協定」。在這個模糊不清的裁決下，美國和歐盟都認為自己「贏了」——美國認為歐盟的上訴被駁回，歐盟認為美國的「三〇一條款」被認定違反世界貿易組織多邊爭端解決的原則。然而我們可以看到，這個裁決雖然表面上強調了美國的義務，但實際上卻縱容了美國的霸權，給國際貿易留下了隱患。

最終，世界貿易組織總幹事出面調解，雙方各退一步。二〇〇一年，歐盟與美國達成香蕉貿易的諒解協議，香蕉進口從複雜的關稅及限額混合機制過渡到單純關稅機制，美國承諾如果歐盟完成承諾，美國將會撤銷對於歐盟的懲罰性報復措施。二〇一二年十一月八日，經過多次波折與反覆，歐盟和十個拉丁美洲國家終於在世界貿易組織總部簽署協定，宣告長達二十年的「香蕉國際貿易戰」正式結束。

貿易在很多時候也要服從於政治。美國前國務卿季辛吉曾經做過一個比喻：「如果沒有美國，歐洲會成為歐亞大陸頂端的一個半島……如果沒有歐洲，美國會成為歐亞海岸線以外的一個小島。」美國與歐洲的確是擁有共同戰略利益和相同價值觀念的盟友，而且雙方長期以來也是彼此最重要的交易夥伴之一，歐盟和美國之間的貿易額在一九九九年達到創紀錄的三萬五千億美元。貿易戰只是雙方權利與義務再平衡的產物，可以預料的是，未來雙方仍然會發生各種貿易摩擦，仍然會進行各種對抗以及合作。

一第十八章一

損人不利己的鋼鐵貿易戰

這次鋼鐵貿易戰爆發於二〇〇二年，小布希總統公布了進口鋼鐵二〇一保障措施調查案最終救濟方案，對美國進口的主要鋼鐵品實施為期三年的關稅配額限制或是加徵高關稅，這是美國歷史上對進口鋼鐵施加的最為嚴重的一次貿易限制。包括歐盟在內的鋼產品出口國對此非常不滿，於是對美國進行關稅報復，打起了貿易戰。最終，在國內外的壓力下，美國取消了鋼材產品保護性關稅。

大戰開始

二十一世紀初，美國發起了一場鋼鐵貿易戰，其背景是鋼鐵行業面臨全球產能過剩問題，美國國內鋼鐵廠商經營困難。資料顯示，從一九九八年至二〇〇二年，美國已經有三十一家鋼鐵企業申請破產保護，佔全國總數的近一半。大量鋼鐵廠破產造成數萬工人失業，而美國鋼鐵業還負擔約一三〇億美元的醫療保險和退休金費用。此時，小布希總統還面臨上任後的中期選舉，為了拉選票以鞏固共和黨的執政優勢地位，美國針對歐盟、日本、韓國等八國（墨西哥和加拿大由於與美國同屬於「北美自由貿易區」而得以倖免）的鋼鐵產品出口發動了「二〇一條款」[注]，最終調查結果確認上述國家鋼鐵進口違反「二〇一條款」。小布希總統裁定對大多數種類鋼材進口徵收為期三年最高達三〇%的關稅，並對厚鋼板實行進口限額，同時實行鋼材進口許可制度。

三月五日，小布希總統決定對進口鋼材實施緊急措施，啟動「二〇一條款」，該裁定於三月二十日起生效。這次鋼鐵貿易戰被制裁國家之廣、所涉及產品之多、持續時間之長也是比較罕見的，我們來看一下具體內容：

（一）在今後三年中，對進口碳板、熱乳薄板、冷乳薄板、鍍鋅薄板、鍍錫薄板、熱軋棒材和條材徵收高達三〇％的關稅。三〇％的關稅在實施的三年期間，將逐步遞減六％，僅實施的第一年為三〇％，第二年降為二四％，第三年為一八％。

（二）對於進口板坯將採用配額加關稅的做法。在今後的三年中，美國每年的板坯進口配額為五四〇萬噸，第一年超過配額部分將加徵三〇％的關稅，第二年加徵二四％，第三年為一八％。配額指標中不包含從加拿大和墨西哥的進口，如果加上這兩個國家的進口，美國的板坯年進口量將為八百萬噸。

（三）進口不鏽鋼棒材、螺紋鋼筋、不鏽鋼線材、焊管製品將在第一年徵收一五％的關稅，第二年為一二％，第三年為九％。

（四）進口不鏽鋼絲將在第一年徵收八％進口稅，第二年為七％，第三年為六％。

（五）碳鋼和合金鋼配件將在第一年徵收一三％關稅，第二年為一〇％，第三年為七％。

不僅如此，小布希政府還宣布，即使不在加徵關稅之列的國家，也會被美國政府監測其進口量，一旦鋼材出口量增加過快，就會受到美國的限制，捲入鋼鐵貿易戰。一時之間，不但歐盟和日韓等國的鋼材出口量大減，損失嚴重，其他一些鋼材出口國家也「人人自危」。

據美國鋼鐵工業部門統計，二〇〇〇－二〇〇一年，在美國鋼鐵進口總額中，歐盟約佔二五％，相當於十億美元，加拿大佔一九％，日本佔一〇％，巴西和中國等發展中國家對美國出口的鋼鐵產品主要集中於初級產品。

從資料就可以看出，在這次鋼鐵貿易戰中損失最大的就是歐盟，因為當時美國是歐盟最大的鋼材出口市場，亞洲的中、日、韓等國的鋼鐵行業也受到一定損失。作為鋼鐵產品出口大國，歐盟表示了強烈反對，為了壯大聲勢，還積極拉攏日本、俄羅斯、中國、韓國、巴西等國一起在WTO框架下抗爭，一時之間，一向高喊「自由貿易」的美國成為眾矢之的。

注：該條款是根據美國一九七四年《貿易法》第二〇一節的規定，一旦某種進口商品對本國工業造成嚴重損害，總統有權根據該條款，對相關進口產品進行關稅配額限制或是加徵關稅，以此來保護本國企業免受損害。

貿易混戰

歐盟、日本、韓國將美國告到世界貿易組織，在小布希總統的決定宣布後的第三天，歐盟就向世界貿易組織提出了申訴。但世界貿易組織的爭端解決機制有其內在的缺陷，決策過程複雜而漫長，比如根據ＷＴＯ的規則，在有關協定框架內採取措施需要六十天；成立專家小組判案需要三十至五十天；如果美國要拖延時間，專家小組成員組成又可能耗去三十天；專家小組審案最長需要九個月；而且在此期間，美國可以要求專家小組中止工作（最長可達十二個月），尋求與當事方「庭外解決」……等到這些流程走完，也要耗時一年左右了，到時候即使敗訴，美國也為國內鋼鐵行業贏得了喘息時間，歐盟等鋼材產品出口國的損失無人賠付。

因此，除了向世界貿易組織申訴以外，歐盟也威脅要對美國進行貿易報復。歐盟委員會要求歐盟十五國政府對許多美國產品徵收懲罰性關稅，以報復美國對歐洲進口鋼材徵收的關稅。二○○二年五月十四日，歐盟正式向世界貿易組織提交了關於在歐美鋼鐵貿易爭端中準備對美國產品實施制裁的清單。「短清單」總值為三‧七八億歐元，內容包括針對果汁、某些紡織和鋼鐵產品（歐盟隨即決定對進口鋼材徵收最高達二六％的關稅，同時進行進口配額制度）以及稻米在內的商品徵收一〇〇％的懲罰性關稅，而「長清單」的總值為六．〇六億歐元。加徵關稅的總額為二十五億歐元，與美國提高鋼材關稅以後可能給歐盟造成的損失相當。

除了歐盟以外，其他鋼產品出口國也制定了反制措施。比如俄羅斯對美國徵收鋼鐵產品高關稅做出評估，發現損失達到了十五億美元，俄羅斯在當年三月宣布全面禁止美國家禽的進口，進行了貿易報復。

美國提高關稅，還會產生其他的連帶影響——美國鋼材進口市場變小了，鋼材產品就會迅速流入到其他地區，衝擊這些地方的鋼鐵行業。為了避免鋼材大量湧入本國，許多國家和地區提高了進口鋼鐵的關稅，就連獲得豁免資格的墨西哥，也迅速將鋼產品進口關稅提到了三五％……就這樣，圍繞著鋼鐵產品，眾多國家陷入貿易混戰中。

二〇〇三年三月，世界貿易組織在初步裁決中宣稱，美國對進口鋼鐵徵收高額關稅違規，七月又進一步裁定美國的措施違反世界貿易組織規則。歐盟乘勝追擊，威脅說如果美國不取消對鋼材產品的管制，歐盟將會對小布希選票區的農產品及工業品徵收報復性高關稅。在國內外的巨大壓力下，美國政府六月將二四七種鋼鐵產品納入免徵高關稅的「豁免」範圍，七月又再次宣布將價值超過六千萬美元的十四種鋼鐵產品納入豁免範圍。到了二〇〇三年十二月初，小布希總統發表聲明，美國取消鋼材進口的保護性關稅，此輪貿易戰才告一段落。

得失之論

美國政府之所以發起這次鋼鐵貿易戰，是因為從二〇〇〇年開始，美國經濟表現出明顯的下滑趨勢，而且鋼鐵產業因為全球過剩遇到了困難，美國試圖透過三年的鋼鐵貿易管制讓自身鋼鐵工業「喘一口氣」，然後「自己站起來」。那麼，這場貿易戰達到美國的預期目的嗎？

我們要明確一點，美國鋼鐵工業的問題更多地存在於其自身，而不是外部（國際市場鋼鐵供大於求）。之前，美國有「鋼鐵大王」之譽，但實際上近幾十年來，美國鋼鐵工業的生產一直不太景氣。這是因為美國鋼鐵業墨守成規，拒絕做結構性調整，導致效率降低、管理不善、成本高等問題無法解決。這樣一來，美國的鋼鐵產品市場競爭力下降，產品價格高（美國鋼鐵工人薪資遠高於製造業平均薪資），產品種類無法滿足國內市場所需，才會導致國外鋼鐵產品大量進入美國市場。然而，美國政府不解決這個根本問題，希望透過限制進口鋼鐵產品來保護自身落後的鋼鐵產業，最終只會導致鋼鐵工業對政府保護的依賴越來越嚴重，使自己在全球競爭中的地位越來越弱，害人害己。

確實，在美國提高鋼鐵產品關稅後，美國國內的鋼鐵產品價格出現了急劇上漲，鋼鐵行業因此受益。但這只是一個方面，事情的另一個方面就比較糟糕了。

首先，提高鋼鐵進口關稅，導致了美國國內相關領域消費成本的提高，特別是在汽車和電機領域。以紐奧良為例，該市每年的進口交易中，鋼鐵佔了四五％，鋼材價格上漲對他們來說，是糟糕至極的一件事。鋼鐵產品的價格暴漲，也影響到了一般人的生活。有人做過測算，如果關稅增加到四〇％，對一個普通的美國家庭來說，將意味著他們每年要多花二八三美元來購買鋼鐵製品。這類描述不禁讓我們想起法國經濟學家巴斯夏的名著《看得見的與看不見的》，其中對貿易保護主義的各種謬論進行了一針見血的幽默駁斥。

其次，鋼鐵產品的高關稅在事實上導致了美國失業率的上升。在二〇〇二年，美國鋼鐵工業的工人大概有二十萬，而鋼鐵消費行業的就業人數有多少呢？答案是一千二百萬。當美國政府試圖透過提高進口關稅幫助鋼鐵產業時，每提高二〇％的關稅，可以挽救九千個鋼鐵工業的就業機會，但是鋼鐵消費行業將有七．四萬人失去工作，孰多孰少？

最後，貿易戰是一把傷人傷己的雙刃劍，比如在鋼鐵貿易戰中，其他鋼鐵產品出口國的利益受損，而美國也沒有因此佔到太多好處——由於提高關稅造成的消費成本的提高，歐盟和日本等國的反報復貿易戰導致的出口下降，也對美國剛開始復甦的經濟造成了二次傷害。

一些客觀資料也能證明我們上述的說法：在關稅措施實施的一年多的時間裡，美國的貿易逆差不僅由二〇〇二年十二月的三六一五億美元擴大到二〇〇三年十二月的四九三九億美元，淨出口對GDP的拉動率也由二〇〇二年的負〇・一九下降到二〇〇三年的負四・〇二。

可以說，美國發起的這場鋼鐵貿易戰，結果是雙輸，失大於得。

美國歷史上曾經多次發起貿易戰，而且很多時候美國都沒有佔到好處，既然如此，為什麼還要一再這樣做呢？我們發現，貿易戰大多是在美國內部經濟出現了一定問題，比如經濟危機、貧富差距擴大、某個行業遭遇困境以後對國會進行遊說或施壓，在這些情況下，美國政府希望透過貿易戰「轉嫁」問題，然後就是痛苦而曲折的貿易戰，損人又不利己。

還有一種觀點也很有意思，叫作「霸權穩定論」，在此跟大家分享一下。「霸權穩定論」是說：「當美國是世界首屈一指的強權時，就會自然地願意維持開放的國際貿易環境，自身也會採取相當開放的貿易政策。但是當美國的霸權開始衰退時，國際貿易環境與美國的貿易政策往往會相互抵觸，而逐漸走向各自為政的保護主義道路。」縱觀美國近些年來發起的貿易戰（冷戰期間貿易戰、與歐盟貿易戰、近期發起的對中國貿易戰），無不是如此——一旦美國感到自身的霸權衰弱，就會在經濟問題以及對外貿易上特別有攻擊性。

富能量 11

做生意的戰爭

作者　趙濤、劉揮
美術構成　騾賴耙工作室
封面設計　九角文化/設計
發行人　羅清維
企劃執行　張緯倫、林義傑
責任行政　陳淑貞

企劃出版　海鷹文化
出版登記　行政院新聞局局版北市業字第780號
發行部　台北市信義區林口街54-4號1樓
電話　02-2727-3008
傳真　02-2727-0603
E-mail　seadove.book@msa.hinet.net

總經銷　知遠文化事業有限公司
地址　新北市深坑區北深路三段155巷25號5樓
電話　02-2664-8800
傳真　02-2664-8801

香港總經銷　和平圖書有限公司
地址　香港柴灣嘉業街12號百樂門大廈17樓
電話　（852）2804-6687
傳真　（852）2804-6409

CVS總代理　美璟文化有限公司
電話　02-2723-9968
E-mail　net@uth.com.tw

出版日期　2019年08月01日　一版一刷
2023年02月01日　二版一刷
定價　360元
郵政劃撥　18989626　戶名：海鴿文化出版圖書有限公司

國家圖書館出版品預行編目（CIP）資料

做生意的戰爭 ／ 趙濤, 劉揮作.
-- 二版. -- 臺北市 ： 海鴿文化，2023.02
面 ； 公分. --（富能量；11）
ISBN 978-986-392-476-0（平裝）

1. 國際貿易史

558.09　111022208

SeaEagle

SeaEagle

SeaEagle

SeaEagle